Holger Bengs, Mike Bayer
Investieren in Biotechnologie

TITEL DER SIMPLIFIED-BUCHREIHE

www.simplified.de

Holger Bengs, Mike Bayer

INVESTIEREN IN BIOTECHNOLOGIE

Chancen, Risiken, Möglichkeiten

FinanzBuch Verlag

simplified

Gesamtbearbeitung: Druckerei Joh. Walch
Lektorat: Eva Herrmann
Druck: Konrad Triltsch, Ochsenfurt

© 2008 FinanzBuch Verlag GmbH
Nymphenburger Straße 86
80636 München
Tel. 089 651285-0
Fax 089 652096
info@finanzbuchverlag.de

Die Autoren erreichen Sie unter:
BengsBayer@finanzbuchverlag.de

Bibliografische Information der Deutschen
Bibliothek: Die Deutsche Bibliothek
verzeichnet diese Publikation in der
Deutschen Nationalbibliografie;
detaillierte bibliografische Daten sind im
Internet über **http://dnb.ddb.de** abrufbar.

ISBN: 978-3-89879-346-9

www.finanzbuchverlag.de
Gerne übersenden wir Ihnen unser Verlagsprogramm!

simplified

Inhalt

simplified

DIE SIMPLIFIED-BUCHREIHE
WWW.SIMPLIFIED.DE

EINE ZUSAMMENARBEIT VON FINANZBUCH VERLAG UND INVESTOR VERLAG

Vorwort

Sind Sie ein Biotech-Zauderer oder ein Biotech-Zocker?

Liebe Leserinnen und Leser,

Sie ahnen sicher die beiden Extreme hinter dieser Frage: »Gar nicht in Biotechnologie-Aktien investieren« oder »nur spekulativ in Biotechnologie-Aktien investieren«? Die Wahrheit liegt wohl, wie so oft im Leben, irgendwo dazwischen in dem breiten Spektrum der Chancen und Risiken. Denn eines ist sicher: Nur der Unwissende zaudert und nur der Unwissende zockt.

Wir wollen Ihnen mit diesem Buch eine Hilfe an die Hand geben, damit Sie selbst entscheiden können, in welcher Form und in welchem Umfang Sie in die Biotechnologie investieren möchten. Nur eine Frage stellt sich uns nicht: »Soll man überhaupt in die Biotechnologie investieren?«

Wir sagen es Ihnen an dieser Stelle lieber gleich offen und ehrlich: Sie haben es mit zwei Zeitgenossen zu tun, die von der Nützlichkeit der Bio- und Gentechnologie, ihren Wachstumspotenzialen und ihren Auswirkungen für den weltweiten Wohlstand überzeugt sind. Allerdings möchten wir hier niemanden bekehren, sondern den an dieser neuen Technologie interessierten Menschen technische und kapitalmarktrelevante Informationen zur Verfügung stellen und die wesentlichen Zusammenhänge erläutern. So werden Sie bestens am langfristigen – das ist auf jeden Fall sicher – Biotechnologietrend teilhaben.

Dies sind die Gründe, warum wir glauben, dass die Biotechnologie eine der Zukunftsbranchen ist, und warum die Biotech-Aktien überdurchschnittlich profitieren werden:

1. Der naturwissenschaftliche Fortschritt der letzten einhundert Jahre war immens.

2. Maßgebliche Innovationen und dauerhafte Arbeitsplätze wurden bereits geschaffen. Weiterhin fließen weltweit hohe Summen in die Biotechnologie-Forschung.

3. Die Nachfrage nach Nahrungsmitteln steigt mit der wachsenden Weltbevölkerung.

4. Das stetige Älterwerden der Menschen sorgt für einen wachsenden Bedarf im Gesundheitssektor.

5. Die Globalisierung erfordert einen verstärkten Umweltschutz, bessere Herstellungsmethoden und wirtschaftlichere Produkte.

6. Steigende Preise der traditionellen Energieträger verlangen nach Alternativen.

7. Die chemisch-pharmazeutische Industrie ist historisch gesehen einer der erfolgreichsten Industriezweige, wenn es um die Vermehrung des Wohlstands geht.

8. 2006 erreichte die Biotech-Industrie weltweit den Rekordumsatz von mehr als 70 Mrd. USD – Tendenz steigend.

9. Die börsennotierten europäischen Biotech-Unternehmen haben bereits mehr als 200 Medikamente auf den Markt gebracht.

10. Der Umsatz mit Biopharmazeutika übersprang 2006 in Deutschland die Drei-Milliarden-Euro-Grenze.

11. Die Menschen messen der eigenen Gesundheit weltweit einen immer höheren Stellenwert bei und dementsprechend steigen die Gesundheitsausgaben pro Kopf stetig.

12. Der Gesundheitssektor wächst in allen seinen Ausprägungen – weitgehend unabhängig von den Konjunkturzyklen – und die Biotechnologie nimmt einen vielfältigen Einfluss darauf.

Wie differenziert Ihre Antwort auf die am Anfang gestellte Frage – Zauderer oder Zocker? – auch ausfällt, wir halten es in diesem Buch mit einem der Altmeister des Börsengeschehens und möchten Ihnen viele Anregungen und Tipps für ein erfolgreiches Investment in die Biotechnologie liefern – und dies unabhängig davon, ob Sie direkt in Aktien investieren oder lieber auf Basket-Zertifikate oder Fonds setzen. Denn wie sagte André Kostolany:»Wer nicht fähig ist, sich selbst eine Meinung zu bilden und selbst eine Entscheidung zu treffen, sollte nicht zur Börse gehen.«

Betrachten Sie daher bitte die Beispiele in diesem Buch nicht als Anlageempfehlungen. Sie dienen uns als Grundlage, um bestimmte Sachverhalte anschaulich darzustellen. Die Möglichkeiten, in die Biotechnologie zu investieren, sind wesentlich vielfältiger als dieses Buch zu transportieren vermag. Wir wollen Ihnen helfen, einen Rahmen für sich zu finden, und Ihnen Anregungen geben, damit Sie sich beispielsweise auch die folgenden wichtigen Fragen beantworten können:

→ Ist mein Branchenwissen ausreichend?

→ Verfüge ich über alle wesentlichen Informationen?

→ Wo liegen die größten Chancen in der Biotechnologie?

→ Welche Risiken sind zu berücksichtigen und wie schätze ich sie ein?

→ In welches »Reifestadium« eines Unternehmens lohnt es sich zu investieren?

→ Welche Diversifikation ist notwendig und welche kann ich mir leisten?

→ Wie finde ich den richtigen Zeitpunkt für ein Investment?

→ Welche Anlagezeiträume sollte ich sinnvollerweise betrachten?

Doch nun genug der Vorrede: Wenden wir uns gemeinsam den Fakten aus Wissenschaft, Wirtschaft und Kapitalmarktgeschehen zu. Unser Ziel ist es, Ihnen die Biotechnologie-Branche aus verschiedenen Blickwinkeln zu schildern. Wir werden uns redlich bemühen, es *simplified* zu halten. Falls es uns nicht immer gelingt, sehen Sie uns dies bitte nach. Wir hoffen jedoch, dass unsere Ausführungen für Sie auf jeden Fall kurzweilig sein werden.

Erlauben Sie uns noch, folgenden Freunden zu danken: Eric Grünzinger für viele akribische Detailrecherchen und Sigrid Saaler-Reinhard für steten fachkundigen Rat, Jan Brauns, Andreas Handel, Carmen Herchenhein, Gunvor Pohl-Apel und Gabriele Sachse für das Lesen des Manuskriptes, Ute Maria Apel und Josef Schwarz für hilfreiche Hinweise sowie Ottfried Preussler, der mit seinem ersten Satz aus *Die kleine Hexe* für den Einführungssatz im ersten Kapitel Pate stand.

Wir wünschen Ihnen viel Vergnügen beim Lesen, mancherlei wertvolle Erkenntnisse und eine gute Hand für Ihre Anlageentscheidungen in der Biotechnologie – und dies natürlich mit den besten Renditen.

Mike Bayer und Holger Bengs
Frankfurt am Main, im Februar 2008

1 Biotechnologie an der Börse

In diesem Kapitel:

→ Biotechnologie ist ein globales Geschäft, auch für Investoren.

→ Die USA sind führend auf dem Gebiet der Biotechnologie, Deutschland hat Nachholbedarf.

→ Erfolgsstorys und Börsenmeilensteine der Biotechnologie.

→ Doch: Nicht jedes Biotech-Investment wird eine Kursrakete.

»Es war einmal eine neue Technologiebranche, die war erst knapp dreißig Jahre alt, und das war ja für eine neue Technologiebranche noch gar kein Alter.« – So werden vielleicht einmal unsere Nachfahren in der Zukunft auf das Jahr 2008 zurückblicken und über den Zustand der kommerziellen Biotechnologie unserer Zeit urteilen. Einer Zeit, in der selbst diese junge Branche bereits einige Zyklen an den Kapitalmärkten durchlebt hat: Eine erste Welle des Auf und Abs entstand in den Vereinigten Staaten in den Achtzigerjahren des 20. Jahrhunderts, eine zweite tauchte in den Vereinigten Staaten und dem Vereinigten Königreich Großbritannien in den Neunzigerjahren auf und eine dritte entwickelte sich weltweit – erstmals auch unter Einschluss des deutschen Kapitalmarktes – zur Jahrtausendwende.

Für eine Branche, die faktisch erst aufgrund wissenschaftlicher Durchbrüche Mitte der Siebzigerjahre an den Start ging, sind dreißig Jahre eine äußerst kurze Zeitspanne. Dies gilt gerade vor dem Hintergrund eines intensiven Kapitalbedarfs infolge langer Produktentwicklungszeiten, regulatorischer Besonderheiten und eines von Beginn an hohen Anspruchs an Fragen der Ethik.

Umso erstaunlicher ist es, welche herausragenden Errungenschaften in einem so kurzen Zeitraum entstanden: zum Beispiel das erste mithilfe der Gentechnik hergestellte Medikament, das menschliche Insulin im Jahr 1982; die Zulassung des blutbildenden Medikaments Epogen im Jahr 1989, das später Umsätze in Milliardenhöhe brachte und sich somit zum Blockbuster entwickelte oder die Entzifferung des Humangenoms von 1990 bis 2004 mit all den Möglichkeiten, aufgrund dieser neuen Erkenntnis kontinuierlich bessere Wirkstoffe, neue Therapien und sogar für einzelne Patientengruppen maßgeschneiderte Medikamente zu entwickeln. Diese Grundlagen strahlen auch auf andere Bereiche aus, etwa auf das Heranziehen von Pflanzen mit neuen Inhaltsstoffen oder die Gewinnung von Enzymen für die industrielle Produktion.

Das Glas biotechnologischer Errungenschaften ist halb voll, nicht halb leer, und es füllt sich zusehends.

Hinweis!

Um den langfristigen Charakter der Biotechnologie zu unterstreichen, stehen an oberster Stelle strategische Aspekte und ein allgemeines Verständnis – vor den Kursen und Charts.

1.1 Die erste Biotech-Kursrakete

Am 14. Oktober 1980 notierte erstmals ein Unternehmen der Biotechnologie an einer Börse und brachte damit eine neue Branche ins Rampenlicht und ins Bewusstsein einer breiteren Öffentlichkeit. Das Unternehmen hieß – und heißt heute immer noch – Genentech. Es war erst vier Jahre zuvor gegründet worden. Die Notiz erfolgte stilvoll unter dem Börsenkürzel DNA. Diese Abkürzung steht gleichzeitig für das Molekül Desoxyribo Nucleic Acid – oder in Deutsch: Desoxyribonukleinsäure DNS –, dem Träger der Erbinformation. Der Emissionspreis pro Aktie betrug 35 USD. Eine Stunde später notierte die Aktie bei 88 USD. Ein Traumergebnis, selbst wenn der Kurs danach zum Börsenschluss auf 71 USD nachgab! Die Marktkapitalisierung auf der Basis der 528.000 Aktien, mit einem Wert von rund 37 Mio. USD, erscheint im Nachhinein gering und muss auch im Lichte der Zeit gesehen werden.

Chance Biotechnologie! So hätte auch der Titel dieses Buches lauten können. Doch sei an dieser Stelle vor allzu hohen Erwartungen und garantierten Traumrenditen gewarnt. Die Biotechnologie ist sicher kein Traum, sondern sie bietet handfeste Errungenschaften. Nicht jedes Biotechnologie-Investment erzielt deshalb traumhafte Renditen. Vor allem das frühe Aktienengagement ist auch mit hohen Risiken behaftet. Dies gilt speziell dann, wenn ein Unternehmen noch keine Produkte am Markt hat und die an der Börse eingeworbenen Gelder noch in hohem Maße in Forschung und Entwicklung investieren muss. Ganz besonders trifft dies für den langen und steinigen Weg einer Medikamentenentwicklung zu, wie wir später noch sehen werden.

Auch das Unternehmen Genentech schrieb zum Zeitpunkt des Börsengangs noch keine schwarzen Zahlen und die Geschichte hätte sicher auch anders ausgehen können, wie bei so vielen anderen Biotech-Unternehmen der ersten Jahre, die wieder vom Kurszettel der Börse verschwanden oder es gar nicht bis dahin schafften. Wer jedoch damals das Risiko in Form eines Investments mittrug, wurde im Laufe der Jahre belohnt. Ein bisschen Glück und Gespür gehören immer dazu, aber am Anfang vor allem die Fähigkeit die Erfolgsaussichten der Technologie und des Geschäftsmodells einzuschätzen. Der Biotech-Investor muss sich immer des Risikos, das junge Unternehmen in sich bergen, bewusst sein, vor allem wenn diese die Gewinnzone noch nicht erreicht haben.

Börsenmeilensteine der Biotechnologie

14. Oktober 1980 Genentech (USA) geht als weltweit erstes Biotechnologie-Unternehmen in New York an die Börse.

17. Juni 1983 Börsengang von Amgen (USA), heute weltweit das größte Biotech-Unternehmen.

18. Oktober 1991 Einführung des Amex Biotechnology Index an der New Yorker Börse, des ersten Biotech-Index.

9. Juli 1992 British Biotech, 1986 gegründet, geht als erstes europäisches Biotech-Unternehmen in London an die Börse.

1. November 1993 Einführung des Nasdaq Biotechnology Index für junge Biotechnologie-Unternehmen an der Technologiebörse in New York.

1. Dezember 1995 Der erste Biotech-Fonds wird für den deutschen Markt zugelassen, sein Name lautet: Pictet Biotech P.

22. Juli 1996 Qiagen aus Deutschland nimmt die Notierung an der Nasdaq auf.

9. März 1999 MorphoSys aus Martinsried bei München geht sieben Jahre nach seiner Gründung als erstes Biotech-Unternehmen an den Neuen Markt.

7. März 2000 Bisheriger Höchststand des Nasdaq Biotechnology Index (1.596,53 Punkte). Danach beginnt eine heftige Kurskorrektur.

10. Juli 2002 Tiefststand des Nasdaq Biotechnology Index (403,98 Punkte). Von nun an geht es wieder aufwärts.

1.2 National geht fast nichts, global alles

Inzwischen gibt es, wie die Karte zeigt, weltweit einige Tausend Biotechnologie-Unternehmen. Davon dürften rund 15 Prozent börsennotiert sein. Dies ist allerdings nur eine grobe Schätzung und aufgrund der Branchendynamik nur eine Momentaufnahme. Eine weitere Unsicherheit liegt in der Einordnung der Unternehmen unter den Begriff *Biotechnologie*, angesichts der technologischen Vielfalt und der daraus resultierenden Geschäftsmodelle, die sich hinter diesem scheinbar so klaren Begriff verbergen, und in ihrer Zuordnung zu den Börsenindizes. Dies werden wir noch bei der Aktienauswahl, die dem eigenen Risikoempfinden entspricht, berücksichtigen müssen.

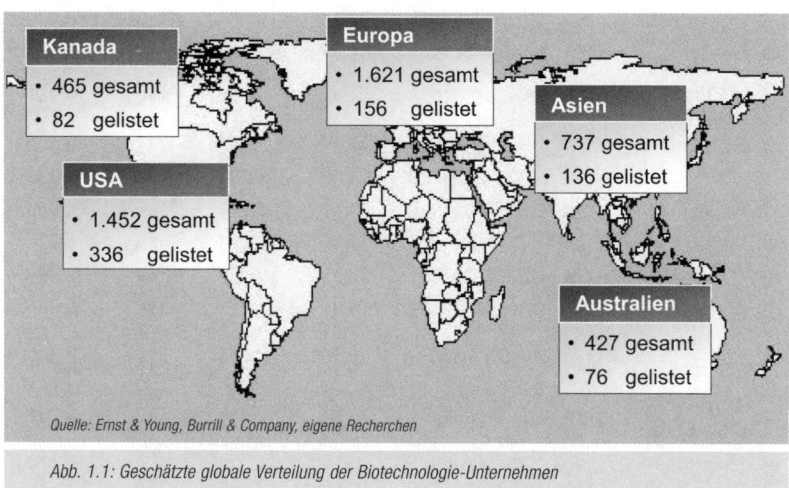

Kanada
- 465 gesamt
- 82 gelistet

Europa
- 1.621 gesamt
- 156 gelistet

Asien
- 737 gesamt
- 136 gelistet

USA
- 1.452 gesamt
- 336 gelistet

Australien
- 427 gesamt
- 76 gelistet

Quelle: Ernst & Young, Burrill & Company, eigene Recherchen

Abb. 1.1: Geschätzte globale Verteilung der Biotechnologie-Unternehmen

Ungeachtet der globalen Ausweitung der Biotechnologie, bleiben die Vereinigten Staaten von Amerika in allen Belangen führend. Angefangen von den ersten wissenschaftlichen Durchbrüchen, über die Technologieakzeptanz, bis hin zur Finanzierung junger Unternehmen mit hohem Technologierisiko in den ersten Jahren, trafen hier die wesentlichen Bausteine für eine fundierte Entwicklung der Branche zusammen. Auch heute noch sind es vor allem amerikanische Biotech-Unternehmen, die zu den weltweit führenden Unternehmen dieser Brache zählen, unabhängig davon, nach welchen Kriterien man sie auswählt. Dies belegt die Tabelle der führenden biopharmazeutischen Unternehmen eindrucksvoll. Andere Nationen spielen an der globalen Spitze nur Nebenrollen.

Rang	Unter-nehmen	Land	ISIN	Kurs per 31.12.06 USD	Umsatz 2006 in Mio. USD	Gewinn 2006 in Mio. USD	Marktka-pitalisie-rung in Mio. USD
1.	Amgen	USA	US0311621009	68,31	14.268	2.950	79.685
2.	Genentech	USA	US3687104063	81,13	9.284	2.113	85.430
3.	Genzyme	USA	US3729171047	61,58	3.187	-17	16.197
4.	Gilead Sciences	USA	US3755581036	64,93	3.026	-1.190	29.941
5.	Biogen Idec	USA	US09062X1037	49,19	2.683	777	16.635
6.	CSL[1]	AUS	AU000000CSL8	51,58	2.291	87	9.382
7.	Cephalon	USA	US1567081096	70,41	1.764	145	4.460
8.	MedImmune[2]	USA	k.a.	32,37	1.276	49	7.724
9.	Celgene	USA	US1510201049	57,53	899	69	22.209
10.	Actelion	CH	CH0010532478	219,81	776	198	5.046
11.	ImClone Systems	USA	US45245W1099	26,76	678	371	2.305
12.	Amylin Phar-maceuticals	USA	US0323461089	36,07	511	-219	4.706
13.	Millennium Pharma-ceuticals	USA	US5999021034	10,90	487	-44	3.459
14.	OSI Pharma-ceuticals	USA	US6710401117	34,98	376	-582	2.070
15.	MGI Pharma	USA	US5528801062	18,41	343	-40	1.458

[1] Aus Gründen der Vergleichbarkeit wurden andere Währungen zum 31.12.2006 in US-Dollar umgerechnet.
[2] Bilanzstichtag 30.06.2006 (Quelle: eigene Recherchen)

Tab. 1.1: Weltweit führende biopharmazeutische Unternehmen nach Umsatz

Derartige Zusammenstellungen sind gleichzeitig auch immer ein Spiegel der Unternehmenszusammenschlüsse und Aufkäufe. So kaufte Novartis im April 2006 Chiron auf und die Merck KGaA übernahm im September 2006 das bis dato größte europäische Biotech-Unternehmen Serono. Beide übernommenen Unternehmen verschwanden aus den Listen. Ähnlich erging es dem bereits im April 2005 durch die dänische Danisco übernommenen US-amerikanischen Enzym-Spezialisten Genencor, der bis 2004 Rang zwölf belegte und oft in den Tabellen der biopharmazeutischen Biotech-Unternehmen auftauchte, obwohl er eigentlich zur industriellen Biotechnologie gehörte. Die Tabelle änderte sich erneut im April 2007. Zu diesem Zeitpunkt übernahm AstraZeneca das Unternehmen MedImmune. Die Beispiele belegen sehr deutlich die Attraktivität reifer Biotech-Unternehmen vor allem für die großen Pharmakonzerne. Sie kaufen so auf einen Schlag neue Produkte und Forschungswissen ein und erhöhen damit ihre Wettbewerbsfähigkeit.

Deutschland mit Aufholbedarf

Deutschland hat es also erst durch einen Unternehmenszusammenschluss in die Liga der führenden Biotech-Unternehmen geschafft. Allerdings gilt die deutsche Merck aus Darmstadt eher als chemisch-pharmazeutischer Mischkonzern denn als Biotech-Unternehmen. Der weltweit führende Hersteller von Flüssigkristallen für Flachbildschirme sieht sich allerdings bei biotechnisch erzeugten Medikamenten international auf Rang sechs.

Die heute in Deutschland an vorderster Stelle agierenden Unternehmen rangieren auf dem Weltmarkt noch weit abgeschlagen, wie Tabelle 1.2 im Vergleich zu Tabelle 1.1 zeigt, sowohl was ihre Umsätze als auch was ihre Marktkapitalisierung betrifft. Dabei ist gerade die Marktkapitalisierung für Fondsmanager eine entscheidende Kennzahl. Sie drückt die Größe eines Unternehmens an der Börse aus und wird dadurch berechnet, dass man die Anzahl der ausstehenden Aktien mit dem Aktienkurs multipliziert. Gerade Fonds mit großem Volumen können nur in Unternehmen investieren, die auch eine ausreichend hohe Marktkapitalisierung aufweisen. Schließlich darf der Anteil an einem Unternehmen

Rang	Unternehmen	Land	ISIN	Kurs per 31.12.06 USD	Umsatz 2006 in Mio. USD	Gewinn 2006 in Mio. USD	Marktkapitalisierung in Mio. USD
1.	Qiagen[1,2]	D	NL0000240000	15,36	325	71	2.306
2.	MorphoSys	D	DE0006632003	72,71	70	8	486
3.	MediGene	D	DE0005020903	9,24	40	-9	265
4.	GPC Biotech	D	DE0005851505	25,44	30	-84	862
5.	Paion	D	DE000A0B65S3	10,57	14	-23	177
6.	Jerini	D	DE0006787476	4,62	17	-30	242

[1] Aus Gründen der Vergleichbarkeit wurden Euro zum 31.12.2006 in US-Dollar umgerechnet.
[2] Qiagen gilt als deutsches Unternehmen mit Sitz in den Niederlanden.

Tab. 1.2: Ausgewählte deutsche Biotechnologie-Unternehmen nach Marktkapitalisierung

gemäß den Regularien einen bestimmten Anteil nicht überschreiten. Aber auch die Handelbarkeit der Aktie verbessert sich in der Regel mit steigender Marktkapitalisierung. Dies wirkt sich ebenfalls auf die Attraktivität und den Wert einer Biotech-Aktie aus.

Im Vergleich zu den Pionieren USA und England muss Deutschland als Spätstarter in der Biotechnologie-Branche angesehen werden. Heute spielt das Land auf jeden Fall eine wesentlich bessere Rolle auf diesem Gebiet als noch vor zehn Jahren. Damals war der BioRegio-Wettbewerb des Bundesforschungsministeriums, der als Kontaktanbahnung zwischen wissenschaftlichen Ideenträgern und Geldgebern fungierte, ein wichtiger Impuls für den Standort Deutschland. So kam wirtschaftlicher Schwung

 Unser Tipp!

Setzen Sie in der Biotech-Anlage auf die gesamte internationale Vielfalt. Patriotismus ist bei Investments in Biotechnologie-Aktien fehl am Platz. Ihn können sich allenfalls die US-Amerikaner leisten.

in die bis dahin sehr wissenschaftlich geprägte Szene. Der neutrale Beobachter muss jedoch zugeben: Ungeachtet des Aufschwungs und der inzwischen rund zwei Dutzend in Deutschland börsennotierten Unternehmen spielt die Musik für Anleger vornehmlich an internationalen Schauplätzen. So sind es vor allem ausländische Unternehmen, die es wert sind, dass man sie bei einer Anlageentscheidung berücksichtigt.

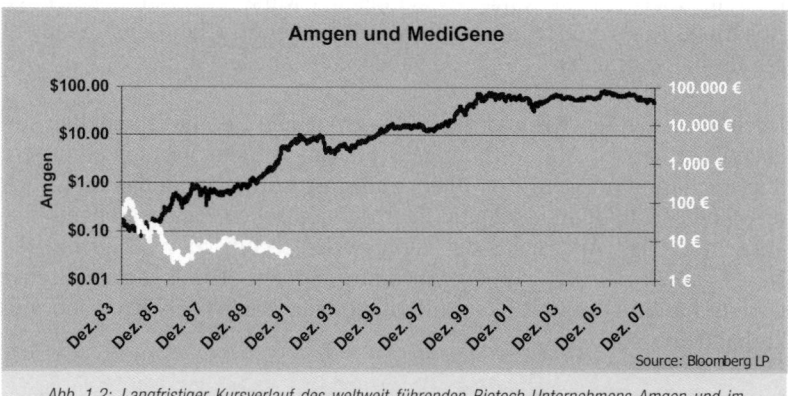

Abb. 1.2: *Langfristiger Kursverlauf des weltweit führenden Biotech-Unternehmens Amgen und im Vergleich der Verlauf von Deutschlands Hoffnungsträger MediGene (Kursverlauf zeitlich vorverlegt)*

1.3 Chancen und Risiken neuer Medikamente

An dem aus Investorensicht enttäuschenden Zustand in Deutschland ändert auch die Tatsache wenig, dass mit MorphoSys ein deutsches Biotech-Unternehmen der ersten Stunde inzwischen die Gewinnschwelle erreicht hat und dass mit MediGene – wie MorphoSys aus einer der führenden Biotechnologie-Regionen Deutschlands, aus München-Martinsried – und anderen Unternehmen weitere chancenreiche Kandidaten heranreifen. Immer vorausgesetzt: Alles geht gut und die auf diesem Gebiet der medizinischen Biotechnologie tätigen Unternehmen bringen ihre neuen Medikamente durch die klinischen Studien und erhalten mit überzeugenden Resultaten die Zulassung durch die Behörden. Allen voran die Food and Drug Administration (FDA) in den USA, aber auch die European Medicines Agency (EMEA) in Europa legen größten Wert darauf, dass ein Nutzen für den Patienten bei Vergleichen mit bereits bestehenden Therapien nachgewiesen wird. Auf diesem glatten Parkett mussten schon einige Unternehmen weltweit Rückschläge einstecken. In Deutschland sorgten zuletzt Paion und vor allem das Vorzeigeunternehmen GPC Biotech für sehr unerfreuliche Kursentwicklungen – Kurstürze wäre der richtige Ausdruck. Kursverluste von mehr als 80 Prozent im Jahr 2007 relativieren deshalb auf jeden Fall die Angaben von Tabelle 1.4.

Doch für diese Aspekte und die in den einzelnen Geschäftsmodellen steckenden Chancen und verborgenen Risiken werden wir später unsere Sinne schärfen müssen. Hier bleibt zunächst festzuhalten, dass der Blick des Biotech-Aktionärs eindeutig über die deutschen Landesgrenzen hinausgehen muss. Angesichts der verbesserten technischen Möglichkeiten ist es immer leichter Aktien entfernter Börsen, Fonds ausländischer Gesellschaften oder Zertifikate internationaler Banken zu erwerben und zu handeln.

Lassen Sie uns dieses Einführungskapital nicht schließen, ohne einen Blick auf eine Biotech-Erfolgsgeschichte mit deutschen Wurzeln zu werfen.

Fallstudie Qiagen

Das 1984 aus der Universität Düsseldorf heraus gegründete Unternehmen Qiagen spezialisierte sich mit der Trennung, Reinigung und Handhabung von Nukleinsäuren – später kamen noch Proteine dazu – auf die bildlich gesprochenen Hacken und Schaufeln zum Goldschürfen in der Biotechnologie. Nahezu jedes molekularbiologisch und biotechnisch arbeitende Labor benötigt diese Werkzeuge. Qiagen gilt als klassischer Zulieferer der Branche und verdiente bereits als andere noch hofften. Am 25. September 1997 erfolgte ein Jahr nach dem IPO (initial public offering, früher »Going Public«) an der Nasdaq die Zweitnotiz am Neuen Markt in Frankfurt. Inzwischen hat Qiagen einige Unternehmen aufgekauft, um so mithilfe neuer

Technologien andere strategische Geschäftsfelder wie die Forensik, die Nahrungsmittelanalytik und die Prozesskontrolle in der Medikamentenherstellung zu besetzen. Heute hat die Holding – inzwischen mit Sitz in den Niederlanden – eine auf 500 verschiedene Verbrauchsmaterialien und Automatisierungsplattformen angewachsene Produktpalette. Mehr als 2.600 Mitarbeiter sind weltweit an über 30 Standorten tätig. Der Börsenkurs schoss in den Boomzeiten in exorbitante Höhen: Unternehmen gut, Aktie gut, aber der Kurs leider viel zu hoch! Seit 2003 steigt die Aktie seit dem Börsencrash wieder langsam, aber kontinuierlich. Im Sommer 2007 übernahm Qiagen das US-amerikanische Unternehmen Digene, einen Spezialisten in der molekularen Diagnostik. Seitdem hat der Kurs noch einmal Fahrt aufgenommen. Mit einer Marktkapitalisierung von etwa 3 Mrd. Euro ist Qiagen inzwischen eine feste Branchengröße.

Übrigens!

Information ist fast alles! Vor allem der an Aktien interessierte Investor muss sich in aller Breite für die Biotechnologie interessieren. Drei Tatsachen erschweren jedoch den Zugang zu Informationen: Erstens gibt es nach dem Wissen der Autoren keinen allumfassenden Informationsdienst zur Biotechnologie-Branche. Zweitens werden kapitalmarktrelevante Informationen häufig noch durch sehr fachspezifische Informationen überdeckt. Und drittens erwächst aus der Internationalität der Branche auch eine sprachliche Herausforderung, da viele wertvolle internationale Informationsdienste nur in Englisch publizieren. Daher widmen wir der Informationsbeschaffung ein eigenes Kapitel.

! Unser Tipp!

Sammeln Sie zunächst einmal alle Informationen über ein Biotech-Unternehmen, die Sie finden können, und schärfen Sie Ihren Blick für die Branche.

2 Was ist Biotechnologie?

In diesem Kapitel:

→ Details zur Geschichte und Entwicklung der Biotechnologie.

→ Wichtige Meilensteine und wissenschaftliche Durchbrüche.

→ Das A und O: die genetische Sprache verstehen.

→ Der Sprung in die moderne Biotechnologie mit Beispielen.

→ Branchen mit wachsendem Einfluss durch die Biotechnologie.

Sie suchen den schnellen Zugriff auf die heißesten Biotech-Aktien und Tipps, Tipps, Tipps? Dann treffen wir möglicherweise mit den folgenden Ausführungen nicht Ihren Geschmack. Unsere Empfehlung geht tiefer und reicht strategisch weiter. Wir wollen Ihnen das Rüstzeug liefern, damit Sie langfristig in die Biotechnologie-Branche investieren können.

Unser Tipp!

Machen Sie sich mit wichtigen Grundbegriffen und Zusammenhängen der Biotechnologie vertraut. Das wird Ihnen helfen, das Biotech-Unternehmen hinter der Aktie besser zu verstehen.

2.1 Zur Geschichte der Biotechnologie

Wir haben im ersten Kapitel erfahren, dass die Biotechnologie erst seit dem Jahr 1980 eine Rolle an den Aktienmärkten spielt. Doch ist dieses Jahr auch gleichzusetzen mit dem Beginn der Biotechnologie? Was glauben Sie? Gab es bereits biotechnologische Errungenschaften vor der Erfindung des Taschenrechners 1974, des Telefons 1876, der Dampfmaschine 1690, der tragbaren Uhr um 1500, des Vergrößerungsglases um 1200, der Schubkarre um 200 nach Christus oder der Erfindung des Kompass um 1200 vor Christus?

Ja, es gab sie in der Tat. Biotechnologische Errungenschaften nutzten die Menschen schon vor rund fünftausend Jahren. Die Erfindung des Rades Dreitausend vor Christus dürfte in die gleiche Ära gefallen sein. Der entscheidende Punkt: Man nutzte die Biotechnologie ohne zu wissen, was sich dahinter verbarg – aus einer Zelle bestehende Kleinstlebewesen, sogenannte Mikroorganismen. Es mag den einen oder anderen befremden, aber Brot backen und Käse, Joghurt, Quark, Kefir, Sauerkraut oder Essig herstellen, all das ist Biotechnologie. Wenn Sie sich jetzt gerade, während Sie überlegen, welche Investments in die Biotechnologie die besten sind und was Biotechnologie ist, ein Glas Bier, Wein oder vielleicht Bionade einschenken, so sind auch diese Getränke Produkte der Biotechnologie.

Ein biologisches Verständnis dafür, worum es sich bei diesen Alltagsphänomenen handelte, gab es jedoch noch nicht und so herrschte in der Mitte des 19. Jahrhunderts diesbezüglich noch finsteres Mittelalter. Die Menschen nutzten zwar die Erfahrung, dass saure Milch den Brotteig lockerer und verdaulicher macht, wussten jedoch nichts von der nützlichen Arbeit der sich dahinter verbergenden, für das menschliche Auge unsichtbaren Milchsäurebakterien. Dass lebende Einzeller wie Hefepilze oder Bakterien für biotechnische Prozesse verantwortlich sind, war noch ein Geheimnis. Erst im Jahr 1856 entdeckte der Franzose Louis Pasteur die Mikroben, wies die hilfreichen Stoffwechselprodukte dieser Kleinstlebewesen nach und begründete damit die Mikrobiologie.

Biotechnologie und Gentechnologie

Biotechnologie ist die Anwendung von Wissenschaft und Technik auf lebende Organismen, Teile von ihnen, ihre Produkte oder Modelle von ihnen, zwecks Veränderung lebender und nichtlebender Materie zur Erweiterung des Wissensstandes, zur Herstellung von Gütern und zur Bereitstellung von Dienstleistungen.

Quelle: Organisation for Economic Cooperation and Development (OECD)

Gentechnologie ist ein Teilgebiet der Biotechnologie, das sich insbesondere der Charakterisierung, Isolierung und Neukombination von Erbmaterial – auch über Artgrenzen hinweg – widmet.

Anmerkung: Weitere Definitionen finden Sie im Glossar. Die Begriffe **biotechnologisch** und **biotechnisch** verwenden wir in diesem Buch synonym.

Pasteur, Darwin, Mendel und Schrödinger

Pasteurs Entdeckung war ein wichtiger Schritt in der wissenschaftlichen Erkenntnis. Allerdings dauerte es noch rund einhundert Jahre bis die Biotechnologie das wurde, was wir heute darunter verstehen: Die großtechnische Nutzung von Mikroorganismen, um für den Menschen beispielsweise Medikamente, Nahrungsergänzungsmittel, chemische Grundstoffe oder Energieträger zu produzieren. Weitere Fortschritte brachten die Erkenntnisse des englischen Naturforschers Charles Darwin im Jahr 1859 über die Entstehung der Arten. Danach führen Fehler oder sogenannte Mutationen zu einer Auslese und nur Lebewesen mit überlegenen Eigenschaften in der Evolution setzen sich durch. Hinter dieser These verbirgt sich ein Prinzip, das heute in vielen Laboratorien zur Entwicklung von Biomolekülen für einen bestimmten Zweck genutzt wird. Durch das Ausüben eines sogenannten Selektionsdrucks, zum Beispiel durch die Zugabe bestimmter chemischer Stoffe (Moleküle), passen sich Mikroorganismen an ihre Lebensumstände an. Auch die Entedeckungen des österreichischen Augustinermönchs Gregor Mendel im Jahr 1865 brachten Fortschritte. Er fand heraus, dass Erbmerkmale nach bestimmten Regeln weitergegeben werden. In die dadurch von ihm begründete Genetik kam aber erst post mortem, zu Beginn des 20. Jahrhunderts, Bewegung, als Mendels Naturforschung eine Renaissance erlebte.

Um 1900 etablierten sich dann die Begriffe Gen für einen Erbfaktor, Genom für die Gesamtheit aller Erbfaktoren und Mutation für eine Veränderung in den Genen. Sie treten an einem Lebewesen entweder genotypisch (äußerlich nicht sichtbar) oder phänotypisch (äußerlich sichtbar) auf. Die wissenschaftlichen Erkenntnisse nahmen weiter zu. So fand der britische Arzt Archibald Garred 1909 heraus, dass bestimmte menschliche Erbkrankheiten auf Stoffwechseldefekte zurückzuführen sind, bei denen bekannte biochemische Reaktionen ausfallen. Der britische Wissenschaftler Thomas Hunt Morgan bewies um 1915, dass sich die Gene der Taufliege *Drosophila melanogaster* einzelnen Chromosomen zuordnen lassen. Doch die Begriffe Gen oder Mutation blieben weiterhin abstrakt. Es fehlte die chemische Struktur der sich hinter diesen Phänomenen verbergenden Moleküle.

Wenngleich Erwin Schrödingers 1945 erschienenes Buch *Was ist Leben?* die molekulare Natur der Gene nicht entscheidend erhellte, so inspirierte der österreichische Physiker dennoch mit seinen Ausführungen zahlreiche Forscher, die sich nach ihm mit der Sache befassten. Bereits im Jahr 1869 hatte der Schweizer Friedrich Miescher Nukleinsäuren isoliert. Deren Analyse ergab ein Rückgrat aus Zuckermolekülen und Phosphat sowie die vier, später so bezeichneten, Stickstoffbasen A, T, C und G. Anfangen konnten die Wissenschaftler jedoch damit noch nichts.

Übrigens!

Die Taufliege *Drosophila melanogaster* spielt auch heute noch als Organismus in der Forschung eine wichtige Rolle. So verwendete sie zum Beispiel die Nobelpreisträgerin Christiane Nüsslein-Volhard für ihre Arbeiten. Die Taufliege, der Zebrafisch *Danio rerio* und der Fadenwurm *Caenorhabditis elegans* sind drei Modellorganismen, an denen Wissenschaftler gern die Funktionen von Genen und die

Einwirkung von Medikamenten studieren. Durch die strukturelle Ähnlichkeit vieler Gene (homologe Gene) lassen sich Rückschlüsse auf den Menschen ziehen.

Durchbruch mit der Doppelhelix

Der entscheidende Durchbruch gelang den Briten Francis Crick, James Watson, Rosalind Franklin und Maurice Wilkins. Sie lösten 1953 die Struktur der Erbsubstanz auf: Diese bildet eine Doppelhelix aus zwei DNA-Strängen, die über die sich wechselseitig verbindenden Basenpaare A und T sowie C und G miteinander verknüpft sind. Erst die Entdeckung dieses Bauprinzips – ähnlich einer gewundenen Strickleiter – erklärte die Weitergabe von Erbinformationen auf die Nachkommen: Bei jeder Zellteilung wird die aus zwei Strängen bestehende Doppelhelix geteilt und in jeder der beiden entstandenen Zellen wieder ergänzt. So überträgt sich eine Doppelhelix mit all ihren Informationen auf jede neue Zelle und verbleibt gleichermaßen in der alten.

Abb. 2.1: Das Modell der Doppelhelix

Die Erbinformation an sich ist in der Basenfolge jeder DNA abgelegt. Dabei codieren jeweils drei hintereinanderfolgende Basen, sogenannte

Basentripletts, welche aus den 20 in der Natur vorkommenden Aminosäuren ausgewählt werden, um in die wachsende Kette eingebaut zu
werden. Diese molekularen Perlen bilden chemisch aufgefädelt zunächst
eine Kette von Peptiden (Polypeptid). Die Kette formt ein Protein, das
sich wiederum in einer für jedes Protein typischen Art und Weise in eine
dreidimensionale Struktur faltet. Der genetische Code erwies sich als
nahezu universell für alle Tiere, Pflanzen, Mikroorganismen und den
Menschen. Wie einem Computer, der mit den Symbolen 0 und 1 und
deren Abfolge jede beliebige Information speichern kann, gelingt es der
Natur mit den vier Basen A, T, G und C die komplexen Baupläne der
Lebewesen zu erfassen.

Die genetische Sprache

Desoxyribonukleinsäuren (dt. **DNS**, engl. **DNA**), die Träger der Erbinformation, setzen sich bei allen Lebewesen aus den gleichen Bausteinen zusammen: aus dem Zucker Ribose, Phosphat und vier
speziellen Molekülen, den **Stickstoffbasen** Adenin (A), Thymin (T),
Guanin (G) und Cytosin (C). Die chemische Verknüpfung von Zucker,
Phosphat und einer Base heißt **Nukleotid**. Die sich bildenden
Basenpaare – ein A paart sich immer mit einem T, ein G immer mit
einem C – werden durch ein Rückgrat, bestehend aus Zucker und
Phosphat, gehalten. Durch zwei entgegengesetzt verlaufende Stränge entsteht eine leiterähnliche, dreidimensional gewundene Struktur: die **Doppelhelix**. Die Lösung des Geheimnisses, wie es die
Natur mit nur wenigen Bausteinen schafft, die Informationen für
Millionen von Tieren und Pflanzen zu speichern, liegt in der besonderen Reihenfolge der Basen. Eine Dreierkette, ein **Codon**, verschlüsselt eine von 20 natürlichen Aminosäuren, die Grundbausteine
von Proteinen. Alle Codons, die zusammen ein Protein verschlüs-
seln, bilden ein **Gen**. Die **DNA** beinhaltet viele Gene und damit die
Information für viele Proteine, die die Funktionen eines Lebewesens
bestimmen: das Bewegen eines Muskels oder die Wahrnehmung
durch die Sinnesorgane. Der genetische Code ist wie eine Sprache.
Die Nukleotide, die mit Buchstaben vergleichbar sind, bilden Worte,
die Codons. Diese bilden Sätze, die Gene, die sich ihrerseits zur DNA

zusammenfügen und als **Chromosom** ein Buch bilden. Auf diese Weise kommt beim Menschen eine Bibliothek zustande, die 46 Bände enthält: das **Genom**. Darin sind die Informationen von drei Milliarden Basenpaaren (3×10^9) enthalten. Eine Person bräuchte ununterbrochen mehr als neun Jahre, um die Basenpaare in der Reihenfolge des Genoms laut vorzulesen.

Fallstudie Geneart

Das 1999 gegründete Regensburger Unternehmen Geneart befasst sich nicht nur mit der genetischen Sprache, sondern mit »Gen-Dialekten«. Dahinter verbergen sich neben wissenschaftlichen Fragen vor allem auch ökonomische. Nehmen Sie etwa das Humaninsulin als Beispiel. Der Mensch codiert dieses aus 32 Aminosäuren bestehende Polypeptid in seiner DNA perfekt. Er produziert sein körpereigenes Insulin. Für ein *Escherichia-coli (E.coli)*-Bakterium hingegen kann es sein, dass der humane Code nicht die richtige Sprache ist, um Humaninsulin herzustellen. Bei ihm geht das mit einem etwas modifizierten Code, einem genetischen Dialekt, viel besser. So kann das Bakterium in seiner eigenen Sprache das Peptid Humaninsulin schneller und effizienter produzieren. Dass die Regensburger nicht nur die Gen-Dialekte, sondern auch die Sprache der Investoren verstehen und mit ihrer Technologie Erfolg am Markt haben können, zeigt übrigens das Einwerben von 17,5 Mio. Euro Emissionserlös beim Gang an die Frankfurter Börse im Mai 2006.

Mutationen, genetische Defekte und Krankheiten

Schnell wurde den Forschern klar, dass ein Fehler in diesem Leseraster eine genetische Mutation bedeutete. Das heißt: Wenn auch nur an einer einzigen entscheidenden Stelle eine falsche Base eingesetzt wird oder sogar ganz aus dem Gen herausfällt – woraus in letzter Konsequenz ein nicht mehr voll oder gar nicht funktionstüchtiges Protein folgt –, kann das katastrophale Folgen haben. Das glauben Sie nicht? Leider ist es aber wahr, wie die Existenz monogenetischer Krankheiten zeigt. Hier führt ein einzelner Gendefekt zum Beispiel zur Mukoviszidose, auch zystische Fibrose genannt. Der im Jahr 1989 auf Chromosom Nr. 7 entdeckte Defekt beeinflusst die Struktur eines wichtigen Proteins. Der Fehler führt zu einer Verdickung von Körperflüssigkeiten und schlussendlich zu einem zähen, sich in der Lunge oder in der Leber ansammelnden Schleim, der die Funktion dieser lebenswichtigen Organe beeinträchtigt. Vielleicht noch bekannter ist die unter Afrikanern verbreitete Sichelzellenanämie. Hier reicht der Austausch einer Aminosäure im roten Blutfarbstoff Hämoglobin aus, um bei einem Sauerstoffmangel, zum Beispiel im Flugzeug oder auf hohen Bergen, eine Deformation der roten Blutkörperchen zu sichelförmigen Zellen auszulösen. Der Transport durch die engen Blutkapillaren wird dadurch erschwert und somit die gesamte Durchblutung. Positiv ist allerdings, dass die Betroffenen gleichzeitig gegen Malaria immun sind.

Exkurs: Proteine

Proteine, oder auch Eiweiße, sind die Alleskönner unter den Biomolekülen. So verleiht zum Beispiel das Kollagen als Stützprotein den Knochen und dem Bindegewebe Struktur oder das Keratin den Fingernägeln und Haaren. Sie sind aber auch für bestimmte Funktionen verantwortlich. Antikörper gehören etwa zum körpereigenen Immunsystem und helfen dabei Eindringlinge, sogenannte Antigene, abzuwehren. Enzyme beschleunigen die Stoffwechselvorgänge einer Zelle. Hormone tragen zur Informationsübermittlung zwischen den Zellen bei und Transportproteine übernehmen Verteilungsaufgaben, wie das Hämoglobin, das Sauerstoffmoleküle durch den Blutkreislauf trägt. Die sich hinter den Oberbegriffen Antikörper, Interferone und Wachstumshormone verbergenden Proteine sind auch als Medikamente im Einsatz.

2.2 Der Sprung in die Moderne

Sie ahnen es sicher längst. Wir sind gerade dabei, die Zeiten, in denen das Rad erfunden wurde und die Biotechnologie noch in den Kinderschuhen steckte, zu verlassen. Die bisherigen wissenschaftlichen Erkenntnisse waren schon sehr beachtlich; die Entwicklungen in den Jahren von 1972 bis 1977 kamen jedoch einer wissenschaftlichen Revolution gleich. Ohne sie könnte noch heute kein einziger Mensch auf der Welt in eine Biotech-Aktie investieren und die großen Pharmaunternehmen würden noch immer nach alten Prinzipien nach neuen Medikamenten forschen.

Meilensteine der Biotechnologie

1953 Strukturaufklärung der DNA-Doppelhelix (Francis Crick und James Watson)

1967 Entdeckung der Restriktionsenzyme (Werner Arber)

1972 Erstes gentechnisches Experiment (Paul Berg)

1977 Schnelle Sequenzierung von DNA (Frederick Sanger)

1983 Polymerase-Kettenreaktion zur DNA-Vervielfältigung (Kary Mullis)

Die Darstellung rekombinanter DNA

Seit 1953 weiß man, dass eine genetische Information von einem Organismus auf einen anderen übertragen werden kann, wie zum Beispiel die Resistenz gegen bestimmte Antibiotika von einem Bakterium auf ein anderes. Besitzt ein krankheitsverursachendes Bakterium erst einmal ein bestimmtes Resistenzgen, dann wirkt das entsprechende Antibiotikum nicht mehr und die von diesem Bakterium ausgehende Infektion kann sich weiter ausbreiten. Der heute oft unüberlegte Einsatz von Antibiotika hat dazu geführt, dass es viele Bakterien schaffen, sich nach dem darwinistischen Überlebensprinzip – der Fitteste siegt – durchzusetzen. Einige Antibiotika sind gegen bestimmte Krankheitserreger wirkungslos geworden. Neue Antibiotika zu finden ist daher ein wichtiges Aufgabengebiet für kreative Forscher und junge Biotech-Unternehmen – und natürlich ein interessantes Gebiet für Investoren.

Der Mechanismus der Informationsweitergabe durch Gene ist an sich schon spannend. So stellte sich Paul Berg 1972 die Frage, ob er Teile einer DNA tierischen Ursprungs in eine Bakterienzelle einschleusen könne und ob diese Information umgesetzt werde. Um es vorweg zu nehmen: Das bereits erwähnte universelle Bauprinzip der DNA machte es möglich. Mit dieser Neu- oder auch Rekombination konnte er die Information für die Bildung eines bestimmten Proteins auf einen anderen Organismus übertragen. Einer Produktion von Proteinen in Bakterien oder Hefen und die Verwendung dieser Produkte, zum Beispiel als Medikamente beim Menschen, stand also nichts mehr im Wege. Anstatt Alkohol bei der Weingärung oder Kohlendioxid bei der Brotherstellung zu produzieren, war es nun möglich, Mikroorganismen für die Produktion von Interferonen gegen Virusinfektionen oder Erythropoeitin gegen Blutarmut, u.a. bei Dialysepatienten, einzusetzen. Stanley Cohen und Herbert Boyer verfeinerten diese Erkenntnisse schließlich soweit, dass sie kommerziell verwertet werden konnten.

Exkurs: Ethik

Wenn eine Wissenschaft so sehr in das Leben eingreift wie die Biotechnologie, dann löst sie immer auch ethische Fragen aus. Sie sollten sich mit diesem Thema befassen und es nicht aussparen. Auch die Biotechnologie-Unternehmen machen dies. Die mehr als 140 Unternehmen der Deutschen Industrievereinigung Biotechnologie lehnen die Herstellung menschlicher Embryonen zu Forschungszwecken und den Eingriff in die menschliche Keimbahn sowie das Klonen von Menschen genauso ab wie biologische Waffen.

Nach der Entdeckung der rekombinanten DNA-Moleküle verhängte zum Beispiel die Weltforschergemeinde zunächst über alle Experimente dieser Art ein Moratorium. Erst als man sich auf bestimmte Regeln im Umgang mit dieser Technologie geeinigt hatte, wurde die Forschung daran wieder erlaubt, um die mit dieser neuen Methodik verbundenen Chancen für die Menschheit nicht zu verspielen. Hieraus entstanden dann später die länderspezifischen Gesetze.

 Unser Tipp!

Achten Sie bei der Auswahl Ihrer Biotech-Investments auf ethische Kriterien. Sehen Sie sich den Forschungsansatz des Unternehmens genau an. Eine Kritik daran kann zu einem Boykott durch die Kunden und zum Wegfall der Geschäftsgrundlagen führen, wenn der Gesetzgeber eingreift.

Die Entdeckung der Restriktionsenzyme

Im Zusammenhang mit der Rekombination verschiedener DNA erwies sich die Entdeckung der Restriktionsenzyme durch Werner Arber als unschätzbarer Vorteil. Er isolierte aus einem Bakterium ein Enzym, das in der Lage war, ein DNA-Molekül exakt an einer definierten Stelle zu schneiden, so dass an den Enden ein fremdes DNA-Stück angelagert werden konnte. Inzwischen gibt es weit mehr als 100 solcher Enzyme mit verschiedenen Fähigkeiten. Wächst diese Bakterienkultur, entstehen viele Millionen identische Klone, die zum Beispiel alle Humaninsulin für Diabetiker produzieren.

Wir halten fest: Der Mensch hat gelernt, die Stoffwechselvorgänge mikroskopisch kleiner Lebewesen, die nur aus einer einzigen Zelle bestehen, zu verändern und für die Produktion werthaltiger Stoffe zu nutzen.

Übrigens!

Es liegt allein an der Masse, dass am Ende große Mengen eines Wirkstoffes herauskommen können. Halten Sie sich einmal vor Augen, dass es Bakterien, wie zum Beispiel das Darmbakterium *E. coli* gibt, die sich unter optimalen Bedingungen alle 20 Minuten verdoppeln. Vom Urgroßvater zum Urenkel in einer Stunde. Auf einem Quadratzentimeter Haut unserer Arme leben etwa 100 bis 10.000 Bakterien und bilden die schützende Hautflora; auf den feuchteren Hautstellen dürften es Milliarden sein. Wenn man Bakterien von einem Mikrometer Länge (ein Mikrometer ist der millionste Teil eines Meters) und einem halben Mikrometer Breite dicht an dicht auf einen Quadratzentimeter Haut packen würde, dann hätten theoretisch 200 Millionen Bakterien Platz. Hätten Sie das gewusst?

Die Methoden zur DNA-Sequenzierung

Wie sieht es nun mit der Analyse unbekannten Erbmaterials aus? Hier gelang Frederick Sanger im Jahr 1977 ein entscheidender Schritt. Er etablierte eine rasch funktionierende Methode: Eine DNA, deren Basenabfolge unbekannt ist, wird an einem definierten Startpunkt mithilfe der DNA-Polymerase – einem Enzym, das DNA-Basen chemisch verknüpfen kann – viele hunderttausend Male im Reagenzglas vervielfältigt. Der Trick dabei ist, dass man auch chemisch veränderte Basen dazugibt, die einerseits die Reaktion stoppen und andererseits einen Farbstoff enthalten. So entsteht ein Mix von Fragmenten unterschiedlicher Länge, bei denen die letzte Base je nach Typ A, C, G oder T durch einen der vier Farbstoffe markiert wird. Trennt man nun das Gemisch auf, entsteht quasi eine Leiter mit den der Länge nach sortierten DNA-Fragmenten. Aus der Farbe der Leitersprossen lässt sich die Sequenz direkt ablesen. Die grundlegende Bedeutung des hier beschriebenen Sanger-Prinzips zeigt die Tatsache, dass alle modernen, automatisierten DNA-Analyse-Verfahren noch heute danach arbeiten. Allerdings kostete die Ermittlung der Reihenfolge der genetischen Buchstaben im Jahr 1977 mehrere Tausend US-Dollar pro Buchstabe. 2006 betrugen die Kosten aufgrund des technischen Fortschritts weniger als einen US-Cent.

Kein Krimi ohne sie: die Polymerase-Kettenreaktion

Haben Sie sich schon einmal gefragt, wie es möglich ist, aus nur einem Tropfen Speichel das gesamte Erbgut eines Menschen zu analysieren? Nein? Den Fernsehkommissar, der mit einem Wattestäbchen eine Speichelprobe nimmt, kennen Sie jedoch gut. Er ist aus der heutigen Kriminalistik nicht mehr wegzudenken und die Forensik kommt ohne diese, auch dem Vaterschaftstest zugrunde liegenden Methoden nicht mehr aus. Um aber die DNA, die in den Kernen der wenigen Schleimhautzellen eines Speicheltropfens enthalten ist, analysieren zu können, muss man sie erst einmal vermehren. Die Idee der sogenannten Polymerase-Kettenreaktion (engl. PCR) soll dem späteren Nobelpreisträger Kary Mullis 1983 beim Motorradfahren in Kalifornien gekommen sein. Diese Methode, mit der man DNA im Reagenzglas vervielfältigen kann, brachte Genentech und Roche jahrelang hohe Lizenzeinnahmen auf das Patent, das erst im Jahr 2005 auslief. Sie ist ein schönes Beispiel dafür, dass Unternehmen, die Werkzeuge für die Forschung entwickeln und verkaufen, durchaus attraktive Investments darstellen können.

Exkurs: Polymerase-Kettenreaktion

Das Prinzip: Der Doppelstrang der DNA wird durch Erhitzen auf annähernd 100 Grad Celsius in seine beiden Einzelstränge zerlegt. Jeder Einzelstrang wird nach seiner Abkühlung mithilfe des in der Zelle vorhandenen Enzyms DNA-Polymerase wieder vervollständigt. Aus eins mach zwei, aus zwei mach vier, usw. Die Stränge verdoppeln sich also alle paar Minuten, bis nach 30 bis 50 Zyklen genügend DNA-Material vorhanden ist, um dem Täter auf die Spur zu kommen.

Eine Anekdote am Rande: Die Methode hatte anfangs einen Nachteil. Durch das Erhitzen zerstörte man die nur bei Körpertemperatur funktionierende DNA-Polymerase und musste sie wieder hinzufügen. Das kostete Zeit und Geld. Entscheidend war also, eine bessere Polymerase zu finden, die auch nahe des Siedepunktes von

Wasser bei 100 Grad Celsius noch aktiv bleibt. Und? Die Wissenschaftler fanden die sogenannte Taq-Polymerase in dem in heißen Quellen lebenden extremophilen Bakterium *Thermus aquaticus*. Dies zeigt, dass Wissenschaftler manchmal abstruse Dinge machen – nur damit zwanzig Jahre später Investoren mit den Aktien der daraus entstandenen Unternehmen Geld verdienen können. Auch der Stoff des Buches Jurassic-Park wäre ohne die Erkenntnisse über die Vervielfältigung von Erbmaterial wohl nie erdacht worden.

2.3 Einmal durchatmen und die Potenziale erahnen

Mit dem Jahr 1977 war nun endgültig das Zeitalter der modernen Biotechnologie angebrochen. Vorbei war die Zeit, in der man Wein nur nach seiner stimulierenden Wirkung beurteilen konnte, ohne zu wissen, dass Mikroorganismen mit ihrem Stoffwechsel Zucker in Alkohol umwandeln. Stehen wir heute also am Ende der Entwicklung der Biotechnologie oder erst an ihrem Anfang? Führen Sie sich dazu bitte folgenden Vergleich vor Augen:

Das erste Auto – aus heutiger Sicht – war das Dreiradfahrzeug von Carl Benz aus dem Jahr 1886. Dreißig Jahre später, im Jahr 1916, war die Fließbandproduktion des Modells T durch Henry Ford gerade einmal drei Jahre alt. Könnte dies nicht auch bedeuten, dass die Errungenschaften der Biotechnologie erst am Anfang stehen? Und welche Potenziale können noch in den Köpfen unserer Forscher schlummern, wenn wir heute – rund neunzig Jahre später – die Entwicklungen betrachten, die zwischen dem Modell T von Ford und den modernen Autos liegen?

Wir wollen damit all jene widerlegen, die glauben, dass die Biotechnologie an Schwung verloren hat. Das Gegenteil ist der Fall. Die Vielfalt biotechnischer Produkte wird aufgrund wachsender wissenschaftlicher Erkenntnisse zunehmen, auch in Bereichen, die heute kaum zu erkennen sind. Das Zusammenspiel der Disziplinen wird das bisher Undenkbare ermöglichen – in der Wissenschaft, am Markt und in den Aktiendepots.

❗ Unser Tipp!

Lernen Sie als Anleger von der Kreativität der Forscher, übertragen Sie das Prinzip der Interdisziplinarität auf Ihre Anlagestrategien und lernen Sie, über den Tellerrand hinauszuschauen.

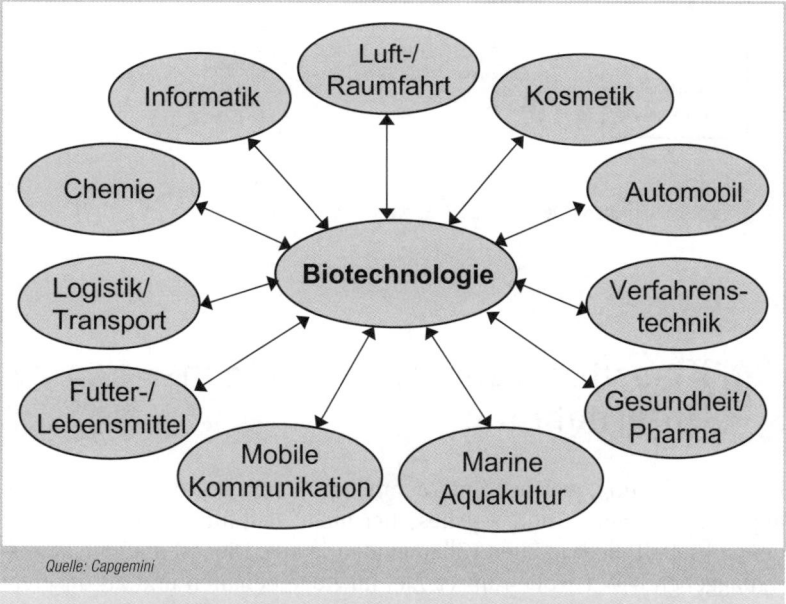

Quelle: Capgemini

Abb. 2.2: Biotechnologische Erkenntnis beeinflusst zunehmend mehr Bereiche

Die Biotechnologie ist ein vielschichtiger Sektor. In jeder Hinsicht lebt der Erkenntnisgewinn vom Miteinander verschiedener Expertisen, wie dies auch Abbildung 2.3 verdeutlicht. Nur durch die symbolhafte Darstellung eines sich öffnenden Fächers aus grundlegenden Disziplinen lässt sich der sprunghafte Wissenszuwachs beim Übergang vom 20. ins 21. Jahrhundert beschreiben.

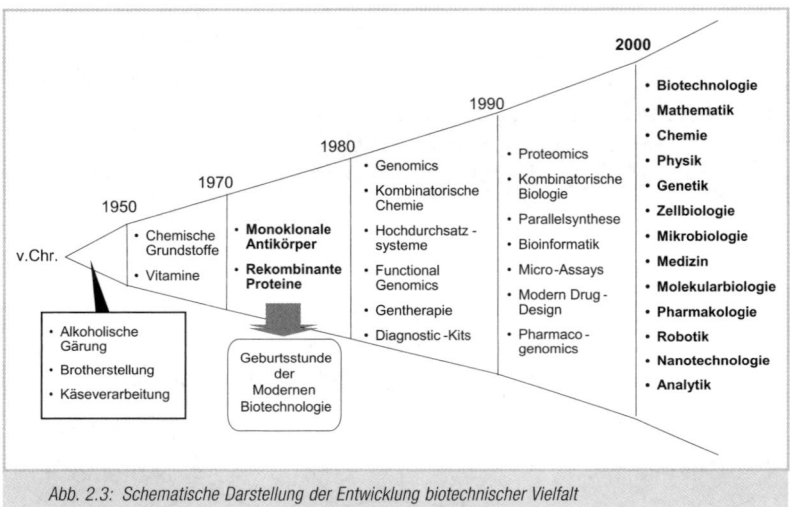

Abb. 2.3: Schematische Darstellung der Entwicklung biotechnischer Vielfalt

2.4 Klassifizierungen der Biotech-Unternehmen

Die Entscheidung, welches Unternehmen nun dem Sektor der Biotechnologie zuzuordnen ist und welches eher nicht, fällt aufgrund der vorhandenen Vielfalt nicht in allen Fällen eindeutig aus. Dies ist auch nicht ausschlaggebend. Wir wollen unser Ziel im Auge behalten und zu unserem jeweiligen Risikoprofil passende Investments herausfiltern, die teilweise oder zur Gänze ihre Umsätze – vor allem aber ihre Gewinne – mit der Biotechnologie generieren. Dabei kommt es allein auf das Unternehmen selbst an. Denn wer sagt denn, dass ein Unternehmen, das nach einer puristischen Definition keine Chance auf die Aufnahme in einen Biotech-Index hätte, nicht doch eine werthaltige oder sogar überdurchschnittliche Renditeanlage sein könnte?

Schlussendlich kommt es neben der Geschäftsidee und der Frage, was ein Unternehmen zur Lösung eines Problems beiträgt, allein darauf an,

wie geschickt das Management mithilfe eines angemessenen Geschäftsmodells diese Idee mit Gewinn in den Markt bringt. In diesem Buch ord-
nen wir jedenfalls Unternehmen auch dann der Biotechnologie zu, wenn
diese nur Software oder Laborchemikalien für die Anwendung in der Biotechnologie herstellen und damit eher in den Service- oder Zuliefererbe-
reich der Branche fallen. Einteilungen, wie die im nächsten Kapitel vor-
gestellte Farbenlehre, sind zwar für den ersten Überblick sehr hilfreich,
für ein Investment sollten diese Klassifizierungen allein aber nicht entscheidend sein.

2.5 Fazit Wissenschaft – Ausblick Wirtschaft

Der eine oder andere denkt nun: »Investieren in Biotechnologie – simplified? Darunter habe ich mir etwas anderes vorgestellt.« Nun, bei allem
Anspruch an eine Vereinfachung war es dennoch unser Anliegen, Ihnen
einen Blick auf die Historie und hinter die Kulissen einer faszinierenden
Technologie zu gewähren. Ohne tieferen Einblick und grundlegendes Verständnis für die Zusammenhänge in der Biotechnologie würden Sie nur
wie Lemminge dem Hauptstrom der Anlageideen, nicht aber den vielleicht interessanten Nebenflüssen folgen können. Über mehr Ideen, mehr
Produkte, mehr Unternehmen und mehr Aktien lesen Sie im folgenden
Kapitel.

3 Farbenlehre der Modernen Biotechnologie

In diesem Kapitel:

→ Verschiedene Gebiete der Biotechnologie – eine Beschreibung durch Farben.

→ Die Rote oder medizinische Biotechnologie bietet die größte Vielfalt und die besten Anlagechancen.

→ Die Weiße oder industrielle Biotechnologie ist im Kommen.

→ Die Grüne Biotechnologie der Pflanzen hat nur außerhalb Europas Chancen.

→ Typische Unternehmensvertreter der verschiedenen Gebiete.

Produkte, die mithilfe der Biotechnologie hergestellt werden, findet man heute bereits in vielen Bereichen. Auf die Produktion pharmazeutischer Wirkstoffe wurde bereits hingewiesen. Die moderne Biotechnologie spielt jedoch auch eine Rolle bei der Herstellung neuartiger oder bekannter Impfstoffe, dem Einsatz spezieller Biomoleküle bei der Diagnostik oder der Anwendung der Gentechnik in der Pflanzenzüchtung, zur Verbesserung der Erträge, der Anbau- oder Verarbeitungsmöglichkeiten und zur Anreicherung von Nahrungs- und Nutzpflanzen mit anderen Stoffen, wie etwa Vitaminen. Weitere Beispiele sind die Verbesserung nachwachsender Rohstoffe für die Energiegewinnung, die Herstellung von Nahrungsmitteln und Tierfutter, die Produktion von Enzymen, sei es für die Waschmittelindustrie oder des in der Käseherstellung eingesetzten Chymosins. Auch wenn es um eine effizientere Herstellung chemischer Stoffe, wie zum Beispiel Zitronensäure, die Produktion von Vitaminen oder um Fragen der Umwelttechnik, der Umweltanalytik, der Abwasserbehandlung oder dem Auffinden von

Schadstoffen geht: Die Biotechnologie umgibt uns in unserem Alltag und trägt zu unserem Wohlbefinden bei.

So jung die moderne Biotechnologie auch ist, so breit gefächert sind bereits heute ihre Einsatzgebiete. Für einen schnellen Überblick haben sich drei Hauptfarben eingebürgert, die für die verschiedenen Gebiete stehen: Rot steht für Medizin, Grün für Pflanzen und Lebensmittel und Weiß für die industrielle Nutzung.

3.1 Was ist Rote Biotechnologie?

Unter dem Begriff *Rote Biotechnologie* versteht man im weitesten Sinne medizinische Anwendungen. Es geht hier vor allem um die Entwicklung neuer Medikamente. Aber auch in der Diagnostik und der Prophylaxe spielen Verfahren und Produkte der Roten Biotechnologie zunehmend eine Rolle.

Beispiele für Einsatzgebiete der Roten Biotechnologie:

→ Herstellung neuer Medikamente mithilfe gentechnisch veränderter Organismen (GVO), wie Bakterien oder Tieren

→ Produktion von Impfstoffen

→ Züchtung körpereigenen Gewebes zur Behandlung körperlicher Schäden

→ Ersatz fehlerhafter Gene durch Gentherapie

→ Herstellung von DNA- oder Protein-Biochips zur individuellen Diagnostik

→ Entdeckung von Biomarkern für bessere Diagnoseverfahren und diagnostische Kits

Viele Proteine sind bereits als Wirkstoffe seit einigen Jahren auf dem Markt, wie z.B. die Interferone bei der Krebstherapie, beim Einsatz gegen Hepatitis

B und C oder zur Bekämpfung der Autoimmunkrankheit Multiple Sklerose, das Erythropoeitin (auch Erythropoetin, kurz EPO), das bei Blutarmut und Nierenerkrankungen eingesetzt wird und die Zytokine, die gegen Krebs wirken, ebenso wie die monoklonalen Antikörper, die zusätzlich noch bei Rheuma, Schuppenflechte oder in der Transplantationsmedizin ihre Wirkung entfalten. Die Biotechnologie bietet die Möglichkeit, viele dieser biologischen Wirkstoffe zum ersten Mal wirtschaftlich zu produzieren.

Hierzu einige eindrucksvolle Zahlen

Um einen einzigen Patienten mit Erythropoeitin (EPO) zu behandeln, bräuchte man ohne Biotechnologie jährlich 1,6 Millionen Liter menschlichen Urins, um dieses Protein zu gewinnen. Um einen Patienten mit Morbus Gaucher, einer erblichen Stoffwechselstörung, mit dem Enyzm Glucocerebrosidase im Rahmen einer Enzymersatztherapie mit regelmäßigen Injektionen zu behandeln, wären 20.000 Plazenten notwendig. Für die Jahresversorgung von 100.000 auf Insulin angewiesenen Diabetikern benötigte man die Bauchspeicheldrüsen von rund 14 Millionen Schweinen. Die zuletzt genannten Zahlen sind umso beeindruckender, wenn man berücksichtig, dass derzeit in Deutschland rund 10 Prozent der auf fünf bis acht Millionen geschätzten Diabetiker insulinabhängig sind und es »nur« 26,5 Millionen Schweine gibt. Bis zum Jahr 2023 sollen mit 12 bis 14 Millionen Diabetikern sogar etwa 20 Prozent der Bevölkerung von der Zuckerkrankheit betroffen sein; weltweit werden es Schätzungen zufolge dann 330 Millionen sein. Eine unvorstellbare Anzahl Erkrankter, die über den herkömmlichen Herstellungsweg nicht mehr mit Insulin zu versorgen wäre. Gut also, dass Amgen Pionierarbeit für EPO geleistet hat, Genzyme bereits seit mehr als fünfzehn Jahren mittels Biotechnik Glucocerebrosidase herstellen kann und sich mit Eli Lilly, Novo Nordisk und Sanofi-Aventis gleich mehrere große Pharmakonzerne der biotechnischen Humaninsulinproduktion angenommen haben.

Aber nicht nur das. Auch die Reinheit eines Produktes ist ein großer Vorteil der biotechnischen Methoden. So erregte vor einigen Jahren ein Fall Aufmerksamkeit, bei dem mit dem humanen Immundefizienz-Virus (HIV, der Verursacher der Autoimmunschwäche AIDS) verunreinigte

Blutkonserven in Umlauf kamen und der daraus gewonnene, für Bluter überlebensnotwendige Blutgerinnungsfaktor VIII verseucht war. Noch einmal zurück zum Diabetes: Neben einer Verunreinigung durch Störstoffe gibt es auch eine »innere Verunreinigung«. So ist Schweineinsulin eben nicht identisch mit dem Hormon des Menschen. Beim Schwein ist nur eine Aminosäure des Peptidhormons Insulin, das die Traubenzuckerkonzentration im Blut regelt, verändert. Leider kann aber allein dies zu einer immunologischen Reaktion führen. Seit 1981 gibt es Humaninsulin aus biotechnischer Produktion mittels gentechnisch veränderter Mikroorganismen. Die Zeiten, in denen aus einem Kilo Schweinepankreas 200 Milligramm Schweineinsulin als Medikament für Menschen gewonnen wurde, gehören daher heute der Vergangenheit an. Heute ist nur noch wenig Schweineinsulin auf dem Markt. Neu diagnostizierte Diabetiker werden direkt auf Humaninsulin eingestellt.

Fallstudie Genentech

Die Entwicklung des Humaninsulins geht auf ein Biotech-Unternehmen der ersten Stunde zurück. Genentech, gegründet am 7. April 1976, verkündete am 6. September 1978 die erste erfolgreiche Herstellung von Humaninsulin im Labormaßstab. Im Jahr 1980 war das Unternehmen am Ende des ersten Handelstages an der Börse rund 37 Mio. USD wert. 1990 kaufte die Schweizer Roche das Unternehmen für mehr als 2 Mrd. USD. 1999 erfolgte die Wiedereinführung an der NYSE (New York Stock Exchange). Heute ist Roche mit rund 55 Prozent Mehrheitsaktionär. Genentech ist ein Paradebeispiel für die Dynamik der Branche und die stete, auch partnerschaftliche Suche nach der besten Lösung für die Aktionäre und für eine gut gefüllte Medikamentenpipeline, um Ausfälle in der Forschung zu kompensieren. Die inzwischen erreichte Größe des Unternehmens erkennt man an der Organisation der Investor-Relations-Abteilung. So wird im Internet sehr transparent nach Corporate, Financial, Product und Pipeline Releases, also nach Unternehmens-, Finanz-, Produkt- und Wirkstoffpipeline-Pressemeldungen unterschieden.

Heute scheint die Luft aus dem Aktienkurs des Unternehmens, mit seinen knapp 11.000 Mitarbeitern und einer Marktkapitalisierung von knapp 50 Mrd. Euro, ein wenig raus zu sein. Doch die Pipeline mit über 50 Projekten, von denen ein Drittel in Phase III steckt, könnte durchaus das Gegenteil beweisen.

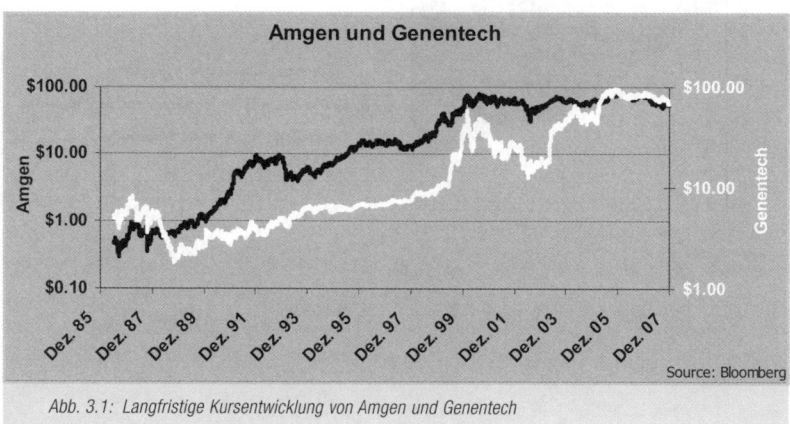

Abb. 3.1: Langfristige Kursentwicklung von Amgen und Genentech

Tatsachen Rote Biotechnologie

In Deutschland waren im Jahr 2006 bereits 85 gentechnisch hergestellte pharmazeutische Wirkstoffe – davon 17 aus deutscher Produktion – auf dem Markt. Daraus wurden insgesamt 119 Medikamente produziert. Die Differenz geht auf Wirkstoffe zurück, die in verschiedenen technischen Ausprägungen vorkommen, sogenannten galenischen Formulierungen. Dies ist gerade so, als ob Sie den klassischen Wirkstoff Acetylsalicylsäure – besser bekannt als Aspirin – in herkömmlicher Tablettenform, als Kautablette, als mit Vitamin C angereicherte Brausetablette oder in Form einer Injektion erwerben: der Wirkstoff ist identisch, die galenische Formulierung verschieden. Der Marktanteil für Medikamente aus gentechnischer Produktion wächst dabei bemerkenswert. Im Jahr 1994 gab es erst

22 Medikamente mit 16 Wirkstoffen. Heute werden schon bei nahezu der Hälfte der Medikamente an mindestens einer Stelle im Herstellungsprozess bio- und gentechnische Methoden eingesetzt. Ihr Anteil wird weiter steigen.

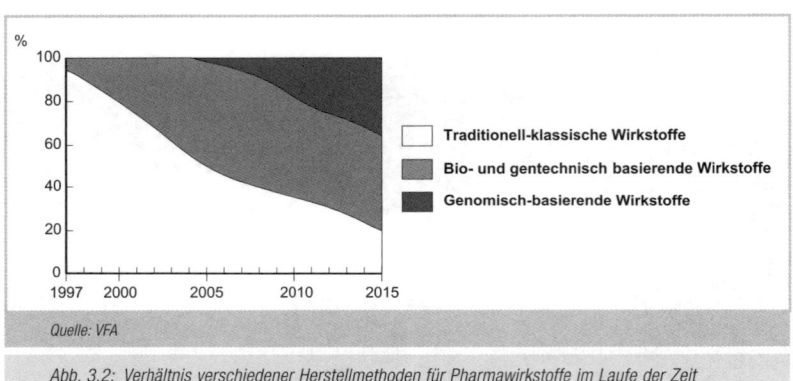

Abb. 3.2: Verhältnis verschiedener Herstellmethoden für Pharmawirkstoffe im Laufe der Zeit

Das Potenzial für neue Medikamente ist enorm, nicht zuletzt aufgrund der immer älter werdenden Bevölkerung in den Industriestaaten. Die Anzahl bekannter Krankheiten schätzt man auf cirka 30.000. Wem diese Zahl irrational erscheint, der bedenke, dass im menschlichen Körper mindestens 200.000 unterschiedliche Proteine vermutet werden. Diese Eiweißstoffe werden ständig benötigt, damit die Stoffwechselvorgänge akkurat ablaufen. Ein Mangel oder ein Fehlen dieser Stoffe würde zu einem Krankheitszustand führen. Angesichts dieser Zahl erscheint die Anzahl der verschiedenen Krankheiten fast noch zu gering. Heute können jedenfalls erst etwa 10.000 der bekannten Krankheiten therapiert werden. Von Heilung ist da noch nicht immer die Rede. Denken Sie zum Beispiel an Typ-I-Diabetiker, die ein Leben lang Insulin spritzen müssen. Wie schön wäre es da, wenn die moderne Biotechnologie auch hier helfen könnte. Ein Unterfangen, an dem weltweit geforscht wird. Das Potenzial für frühe Investoren lässt sich erahnen, wenn es etwa gelänge, aus Stammzellen Insulin produzierende Zellen zu züchten, um sie dann in die kranke Bauchspeicheldrüse zu transplantieren.

Übrigens!

Im Bereich Rote Biotechnologie sprechen Unternehmer, Behördenvertreter und Lobbyisten gern vom *unmet medical need*, dem unerfüllten medizinischen Bedarf. Darunter verstehen die Experten entweder das völlige Fehlen einer Therapieform oder den Goldstandard und damit die aktuell beste Behandlungsmöglichkeit, die aber noch erhebliches Verbesserungspotenzial aufweist. Wenn also Unternehmen durch ein Medikament gegen Lungenkrebs oder gegen das HI-Virus auf sich aufmerksam machen, dann ist dies immer auch einer näheren Betrachtung durch den interessierten Investor wert.

Rote Biotechnologie für Anleger

In der Roten Biotechnologie spielt eine vielfältige Musik für Investoren. Dies hat mehrere Gründe. Eine Grundvoraussetzung ist zunächst die Akzeptanz dieses Bereichs der Biotechnologie. Die eigene Gesundheit oder die naher Verwandter ist ein hohes Gut. Stehen die Menschen der Bio- und Gentechnologie in anderen Bereichen noch etwas skeptisch gegenüber, so ist die Produktion und der Verkauf bio- und gentechnisch hergestellter Medikamente – abseits ethischer Fragen im Zusammenhang mit Stammzellen – doch weitgehend akzeptiert. Die Gesundheitsmärkte sind sehr groß und ist ein Medikament erst einmal zugelassen und hat sich am Markt bewährt, dann ist es eine kontinuierliche Geldeinnahmequelle. Dies geht bis hin zum Blockbuster. Darunter versteht man Medikamente, die mehr als 1 Mrd. USD Umsatz pro Jahr erwirtschaften. Die

! Unser Tipp!

Wählen Sie als Einsteiger zur Minimierung der Risiken bei Investments in Aktien der Roten Biotechnologie nur solche Unternehmen aus, die bereits Medikamente am Markt oder die Marktzulassung erhalten haben.

Hebelwirkung für die Wertentwicklung einer Aktie ist kurz nach der Markteinführung eines Medikaments am größten, vor allem bei Unternehmen, die mit ihrem ersten zugelassenen Medikament die Profitabilität erreichen.

Darüber hinaus ist die Auswahl groß, denn die überwiegende Mehrheit aller Unternehmen weltweit befasst sich mit der medizinischen, der Roten Biotechnologie. Die Chance, auf ein Investment à la Amgen zu stoßen, ist in diesem Sektor sicher am größten. Allerdings verbergen sich hier auch besondere Risiken, die es bei einem Investment zu beachten gilt. Ein Selbstläufer ist eine Amgen-Aktie jedenfalls nicht und wenn sich das Unternehmen im Lauf der Zeit etabliert, lassen die außergewöhnlichen Anfangsrenditen auch nach.

Typische Vertreter der Roten Biotechnologie findet man unter den weltweit führenden Unternehmen der Branche, wie zum Beispiel im Amex oder im Nasdaq Biotechnology Index. US-amerikanische Namen wie Amgen, Biogen Idec, Celgene, Genzyme, Genentech oder Vertex tauchen bereits überdurchschnittlich oft in den Börsenbriefen und den allgemeinen Nachrichten auf, aber auch europäische Aktien wie Actelion, Basilea (CH), Genmab (DK), NicOx, Transgene (F), Acambis, Alizyme, Antisoma oder Oxford Biomedica (UK) sind im Gespräch. In Deutschland heißen die, in vielen Fällen noch nicht mit großer Fortune ausgestatteten Medikamentenentwickler 4SC, Biofrontera, GPC Biotech, Jerini, Liponova, MediGene, Mologen, Paion oder Wilex.

Fallstudie Amgen

Die Biotech-Erfolgsstory schlechthin ist die im Jahr 1980 gegründete Amgen, Inc., aus Kalifornien, USA. 1983 ging das Unternehmen an die Börse und zwei Jahre danach machte es gerade einmal 2 Mio. USD Umsatz. 1986 und 1987 waren zwei weitere Kapitalerhöhungen notwendig. Richtig zu laufen begann die Erfolgsstory dann 1989 mit der Zulassung von Epogen, einem Medikament mit dem Hormon

Erythropoeitin, das die Bildung roter Blutkörperchen fördert. Im gleichen Jahr gelang die Aufnahme in den Nasdaq-100-Index. Die Umsatzerlöse explodierten von 78 Mio. im Jahr 1989 auf 299 Mio. USD im Jahr 1990. Die Zulassung des zweiten Blockbusters Neupogen – einem Medikament, das die Bildung weißer Blutkörperchen stimuliert – brachte einen erneuten Schub. 1992 durchbrach der Umsatz erstmals die Milliardengrenze. Im Jahr 2006 setzte Amgen mit Epogen 2,6 Mrd. USD um und mit Neupogen/Neulasta 3,9 Mrd. USD. Bereits 2001 erfolgte die Zulassung von Aranesp, einem Medikament zur Behandlung von Blutarmut bei chronischem Nierenversagen. Dieser Hoffnungsträger sollte auch die rückläufigen Einnahmen, die durch das Auslaufen der Patente bisheriger Umsatzträger entstanden, kompensieren. Amgen im Jahr 2007: Wegen medizinischer Bedenken im Zusammenhang mit Aranesp sanken die Umsätze dramatisch. Die Gewinnprognose wurde zurückgefahren, nachdem Amgen 2006 rund 4,1 Mrd. USD mit diesem Medikament eingenommen und damit mehr als ein Viertel des rund 14 Mrd. USD hohen Jahresumsatzes gemacht hatte. Das weltweit größte Biotech-Unternehmen musste rund 10 Prozent seiner mehr als 20.000 Mitarbeiter entlassen.

Amgen war bereits 1990 in die Gewinnzone eingetreten. Dies war für ein Unternehmen, das neue Wirkstoffe entwickelte, zehn Jahre nach seiner Gründung eine hervorragende Bilanz. Wer zu seinem Börsengang in Amgen investierte, vermehrte sein Kapital bis Ende 2006 um das 178-fache. Selbst Investoren, die erst 1996 einstiegen, konnten ihr Kapital in den dann folgenden zehn Jahren verfünffachen. Die späten Einsteiger im Jahr 2001 schafften in den fünf Folgejahren gerade noch 21 Prozent. Heute hat die Zeit der Reife begonnen. Vielleicht ist es ja doch ein Zeichen dafür, vorsichtig zu sein: Amgens Boss ist inzwischen einer der bestbezahlten Manager. Ungeachtet der derzeitigen Konsolidierung gilt jedoch: In siebenundzwanzig Jahren mit drei Personen einen Konzern dieser Größe und Qualität aufzubauen, verdient Respekt.

Übrigens!

Die Nutzung der Roten Biotechnologie und ihres Potenzials steht erst am Anfang. Die Behandlung von Patienten mit bereits auf dem Markt befindlichen Biopharmazeutika scheitert oft noch an der Kostenerstattung. Häufig wird nur die teure Behandlung mit den neuen Medikamenten der Biotechnologie gesehen – zum Beispiel mehr als 100.000 Euro jährlich für die Behandlung der Gaucher-Krankheit mit Glucocerebrosidase – nicht jedoch so sehr die Folgen, die durch Produktivitätsausfall und Pflegekosten entstehen. Die gesellschaftliche und politische Diskussion limitieren im Augenblick noch oft die Renditeaussichten. Auf mittlere Sicht verbessern jedoch der demografische Wandel und die steigenden Gesundheitsausgaben umso mehr die Perspektiven der Investoren.

3.2 Was ist Grüne Biotechnologie?

Die *Grüne Biotechnologie* befasst sich mit dem Einsatz gentechnischer Methoden in der Pflanzenzüchtung. Sie will Pflanzen – über die Möglichkeiten traditioneller Züchtungsverfahren hinaus – schneller und besser für einen bestimmten Zweck verändern und ihre Eigenschaften gezielt beeinflussen. Manche Ziele rücken mit dem Einsatz der Gentechnologie überhaupt erst in den Bereich des Möglichen. Darunter fällt die Züchtung von Pflanzen, die durch gentechnische Veränderung unter widrigen klimatischen Verhältnissen gedeihen können, etwa in trockenen Gegenden oder auf salzhaltigen Böden. In der Vergangenheit war das Ziel der Grünen Biotechnologie häufig auch, die Widerstandskraft von Pflanzen gegenüber Schädlingen, Krankheiten und bestimmten Pflanzenschutzmitteln zu erhöhen.

Bis heute ist die Akzeptanz der Endverbraucher in Europa, gentechnische Veränderungen an Pflanzen zuzulassen und die Produkte aus diesen Pflanzen zu kaufen, sehr gering. Aus diesem Grund gewinnen zunehmend Forschungsbemühungen an Bedeutung, die den Nutzen für die Verbraucher oder eine Anwendung abseits der Lebensmittelindustrie, etwa durch die Anreicherung gesundheitsfördernder, pflanzlicher Inhaltsstoffe, mehr und mehr in den Mittelpunkt rücken. Ein gutes Beispiel dafür ist der Goldene Reis (golden rice). Diese Reissorte wurde gentechnisch mit zwei Genen der Osterglocke und dem Gen eines Bakteriums verändert und bildet so Provitamin A. Das uns besser als Beta-Karotin bekannte und der Mohrrübe – und dem Golden Rice – seine typische Farbe verleihende Molekül dient dazu, Vitamin-A-Mangel vorzubeugen. Diese häufig in Entwicklungsländern, in denen sich die Ernährung fast ausschließlich auf Reis beschränkt, auftretende Mangelerscheinung kann so behoben und dadurch Wachstumsstörungen und Erblindungen bekämpft werden.

Auch für andere Industriezweige sind pflanzliche Inhaltsstoffe hochinteressant, zum Beispiel in der Kosmetikindustrie, der Energiewirtschaft oder der chemischen Industrie. So konnte etwa durch gentechnische Veränderung eine Rapssorte mit einem auf über 65 Prozent erhöhten Gehalt der in Waschmitteln eingesetzten Erucasäure entwickelt werden. Dies bedeutet eine erhebliche Effizienzsteigerung, die im Übrigen für die Lebensmittelindustrie kontraproduktiv wäre, da der Mensch diesen Stoff nicht verträgt. Andere pflanzliche Inhaltsstoffe verwendet man u.a. für die Herstellung von Folien, Kunststoffen, Klebstoffen, Lacken und Farben.

Beispiele für Einsatzgebiete der Grünen Biotechnologie:

→ Pflanzen mit verbesserter Zusammensetzung der Nährstoffe

→ Pflanzen mit zusätzlichen gesundheitsfördernden Inhaltsstoffen

→ Pflanzen mit modifizierten Inhaltsstoffen für industrielle Anwendungen wie Amylose und Amylopektin oder für eine veränderte Zusammensetzung von Ölen und Fettsäuren

→ Pflanzen mit höherer Widerstandskraft gegen Schädlinge, Krankheiten und ungünstige klimatische Bedingungen

→ Pflanzen als nachwachsende Rohstoffe mit besserer Verfügbarkeit der Biomasse

Übrigens!

Die Produktion von Wirkstoffen in transgenen, also gentechnisch veränderten Pflanzen, fällt in den Bereich der Roten Biotechnologie. An diesem Beispiel zeigt sich, dass die Grenzen der mit verschiedenen Farben plakativ gekennzeichneten Biotech-Sektoren zum Teil verschwimmen. Für den Investor bewährt sich jedoch die Betrachtung von der Marktseite her, da hier die Wertschöpfung stattfindet. Das Potenzial eines neuen Wirkstoffs wird sich immer an den Medikamentenpreisen im Gesundheitsmarkt orientieren und nicht an den Preisen für Lebensmittel, nur weil der Wirkstoff aus einer Pflanze als Produktionsorganismus gewonnen wird. Das Herstellungsverfahren ist also aus Renditegesichtspunkten zu vernachlässigen. Als preiswerter Produktionsorganismus wäre zum Beispiel die Kartoffel attraktiv. Wenn man sie so veränderte, dass die darin enthaltenen Proteine einen Krankheitserreger simulierten, könnte der Verzehr dieser Pflanzen das Immunsystem anregen und der Körper sich auf eine bevorstehende Virusattacke einrichten. Eine preiswertere Art der Impfung wäre kaum vorstellbar.

Tatsachen Grüne Biotechnologie

Weltweit wurden im Jahr 2005 bereits auf 90 Millionen Hektar Ackerland gentechnisch veränderte Pflanzen angebaut, 2006 waren es bereits über 100 Millionen Hektar. Das entspricht mehr als dem Doppelten der Fläche Deutschlands und die jährliche Wachstumsrate liegt weiterhin im zweistelligen Prozentbereich. Die gesamte landwirtschaftliche Nutzfläche Deutschlands beträgt nur 17 Millionen Hektar. Auf einer Fläche dieser Größenordnung wurden bereits im Jahr 1997 weltweit gentechnisch veränderte Kulturen angebaut.

Tomaten waren die ersten gentechnisch veränderten Pflanzen. Sie wurden 1994 in den USA angebaut, erzielten aber keinen Marktdurchbruch. Der erste kommerzielle Erfolg gelang 1995 mit gentechnisch verändertem Raps in Kanada. Heute verwenden diesen Raps nicht nur die Farmer in Nordamerika, sondern auch Farmer in Lateinamerika, Asien und Australien. In den USA liegen etwa 55 Prozent, in Argentinien 18 Prozent, in Brasilien 11 Prozent und in Kanada 6 Prozent der weltweiten Anbauflächen für gentechnisch modifizierte Pflanzen. Damit durchdringen allein diese vier Länder rund 90 Prozent des Weltmarktes. Die Zahl der Landwirte, die gentechnisch veränderte Pflanzen anbauen, stieg 2006 weltweit erstmals auf über 10 Millionen an. Seitens der Pflanzen stehen Sojabohnen, Mais, Raps, Baumwolle, Kartoffeln, Tomaten, Zucchini, Papaya, Tabak und Zierpflanzen hoch im Kurs, wobei Soja, Mais, Baumwolle und Raps bis heute die am häufigsten angebauten Nutzpflanzen sind. Bemerkenswert ist noch, dass in den insgesamt 22 Ländern, die transgene Pflanzen anbauen, mit mehr als 3,6 Milliarden Menschen, über die Hälfte der Erdbevölkerung lebt.

Europa spielt nur eine untergeordnete Rolle, obwohl sich hier vor allem Deutschland wissenschaftlich in einer Vorreiterrolle und lange Zeit an der Weltspitze befand. Doch eine nicht immer klare Gesetzgebung hat den Abstand zur Weltspitze inzwischen groß werden lassen. So genehmigten die Umweltminister der Europäischen Union von 1999 bis 2003 keinen Anbau neuer gentechnisch veränderter Pflanzen. Dieser ungewisse Aufschub, das sogenannte De-facto-Moratorium, hat bei Unternehmern und Forschern wenig Lust hinterlassen, neue Produkte zu entwickeln. Die Chancen wären jedoch erheblich, wie folgendes Beispiel zeigt.

Von Interesse könnte hier eine besondere Maissorte sein, die einen hohen Anteil an Amylose zur Herstellung von Bioethanol, und gleichzeitig das dazu notwendige Enzym, die Amylase enthielte. Auf diese Weise würde die Pflanze beides, Ausgangsstoff und Katalysator, für eine vereinfachte Herstellung bereithalten. Schätzungen zufolge könnte man dadurch die Kosten der Bioethanolherstellung um bis zu 10 Prozent verringern.

Übrigens!

Nicht nur in Deutschland gibt es Kritik und Einwände gegen die Grüne Biotechnologie. In Österreich stimmte vor zehn Jahren die Mehrheit der Bürger in einem Volksbegehren gegen die Produktion, den Import und den Verkauf gentechnisch veränderter Lebensmittel und den daraus hergestellten Produkten. Allerdings ist die Welt nicht schwarz-weiß: So werden wohl bei der Fußballeuropameister-schaft 2008 die das Großereignis unterstützenden Schnellrestau-rants kompostierbares Einweggeschirr aus gentechnisch veränder-tem Mais nutzen.

Grüne Biotechnologie für Anleger

Investitionsmöglichkeiten in die Grüne Biotechnologie mit vergleichba-ren Chancen wie bei der Roten sucht der interessierte Anleger – zumin-dest in Europa – vergeblich. Dabei ist das Potenzial dieser Technologie erheblich und durchaus gesellschaftlich wertvoll.

Deutschland darf zwar als Pionier in dieser Disziplin gelten. Aufgrund der gesellschaftlichen Diskussion tritt die Entwicklung jedoch seit über zehn Jahren auf der Stelle. Im April 1991 führte das weltweit renommier-te Max-Delbrück-Laboratorium in Köln den ersten Freisetzungsversuch mit gentechnisch veränderten Pflanzen durch. Das Experiment gelang, aber die weitere Entwicklung war nicht von kommerziellem Erfolg gekrönt. Zu sehr wird dieser Zweig der Biotech-Branche von den nicht miteinander vereinbaren Gegensätzen zwischen Herstellern und Verbrau-chern geprägt. Für einen Unternehmer verbleibt oft ein in seiner Tragwei-te nicht einschätzbares Risiko. Marktpotenziale und Anlagechancen las-sen sich so kaum beziffern.

 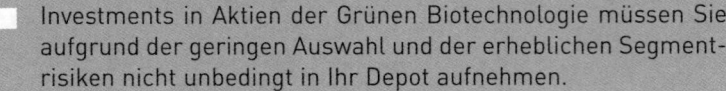

Unser Tipp!

Investments in Aktien der Grünen Biotechnologie müssen Sie aufgrund der geringen Auswahl und der erheblichen Segment-risiken nicht unbedingt in Ihr Depot aufnehmen.

In Deutschland ist in absehbarer Zeit nicht damit zu rechnen, dass ein junges Biotechnologie-Unternehmen grüner Prägung ein attraktives, risi-koadäquates Investment darstellt. Wer die Chancen in diesem Sektor

dennoch sucht, muss seinen Blick auf die USA und auf die weltweit agierenden großen Agrokonzerne richten. Noch sind zwar klassische Pflan-
zenschutzmittel wie Herbizide gegen Unkräuter, Fungizide gegen Pilzer-
krankungen und Insektizide gegen Schädlingsbefall im Einsatz. Doch
zunehmende Umweltauflagen und der Ruf nach einer größeren Unbe-
denklichkeit dieser Mittel für den Menschen zwingen zum Umdenken. In
diesem oligopolistischen Markt mit nur wenigen großen Wettbewerbern
wird jedoch der ganz große Anlageerfolg eher ein seltenes Ereignis bleiben. Dazu setzt er eine zu hohe Marktkenntnis voraus.

Agrokonzern	Land	ISIN	Kurs zum 31.12.2007 in Euro
BASF	D	DE0005151005	101,26
Bayer	D	DE0005752000	62,53
Monsanto	USA	US61166W1018	79,50
Syngenta	CH	CH0011037469	176,39

Tab. 3.1: Führende Agrokonzerne sind auch in der Grünen Biotechnologie engagiert

Übrigens!

Wer sich die Aktien der Agrokonzerne ins Depot legt, muss sich
bewusst sein, dass diese Konzerne nur einen Bruchteil ihres Umsatzes und Gewinns mit der Biotechnologie machen und die auf Grüne
Biotechnologie zurückzuführenden Performancedaten nur schwer
abzuschätzen sind; ein Phänomen, das es auch in der Weißen Biotechnologie gibt. Außerdem sind noch andere Risiken in dieser
Branche zu beachten: So steht zum Beispiel das US-amerikanische
Unternehmen Monsanto häufig aufgrund seiner Unternehmenspoli-
tik weltweit in der Kritik. Etwaige Gerichtsprozesse, berechtigt oder
nicht und aus welchen Gründen auch immer, können langwierig und
kostspielig werden. Im Agrosektor kommen noch – anders als in der
Roten Biotechnologie – die Besonderheiten eines friedlichen Oligo-
pols hinzu.

3.3 Was ist Weiße Biotechnologie?

Im Mittelpunkt der *Weißen Biotechnologie* steht die Herstellung chemischer Stoffe mithilfe biotechnischer Verfahren. Hierzu kann man entweder ganze Mikroorganismen oder Enzyme einsetzen, um so bestimmte Ausgangsstoffe durch Biokatalyse in werthaltige Endstoffe umzusetzen. Zu diesen gehören: Lebensmittelzusatzstoffe und Aromen, Zusatzstoffe für Tierfuttermittel und Hilfsstoffe für die verarbeitende Industrie. Auch technische Enzyme und Biokraftstoffe fallen darunter. Kurz: Weiße Biotechnologie ist die Anwendung moderner biotechnischer Verfahren für die chemische Produktion. Alternativ spricht man daher von *Industrieller Biotechnologie*.

Beispiele für Einsatzgebiete der Weißen Biotechnologie:

→ Technische Enzyme für die Leder- und Textilindustrie

→ Biotechnische Prozesse mit weniger Abfallstoffen oder reduziertem Energieeintrag

→ Biotechnische Herstellung von Vitaminen, Aromen, Aminosäuren oder chemischen Vorprodukten für Medikamente

→ Ersatz fossiler Brennstoffe durch Biomasse

→ Herstellung von Kunststoffen aus Pflanzen oder mithilfe von Mikroorganismen

Auch in der Weißen Biotechnologie zeigt sich einmal mehr die enge Verzahnung der verschiedenen Farbsektoren wie man an folgendem Beispiel sehen kann: Die Herstellung bestimmter Vorprodukte, sogenannter chiraler Ausgangsstoffe, ordnet man der Weißen Biotechnologie zu. Dahinter verbergen sich chemisch baugleiche Stoffe, deren Moleküle sich wie Bild und Spiegelbild verhalten. Für einen pharmazeutischen Wirkstoff wird in der Regel jedoch nur eine der beiden Varianten dieser wichtigen Spezialchemikalien benötigt. Die andere kann sogar schädlich sein. Biotechnische Methoden haben sich für die variantenreine Herstellung als sehr effizient erwiesen. In diesem Fall erreicht also ein Produkt der Weißen

Biotechnologie durch die Verarbeitung zum Medikament letztlich in der Roten Biotechnologie seine volle Wertschöpfung.

Übrigens!

Auch die Weiße Biotechnologie ist allenfalls als Begriff eine neuzeitliche Erfindung. Bereits 1907 isolierte der deutsche Apotheker und Chemiker Otto Röhm Enzyme für die industrielle Lederverarbeitung. Auch die biotechnische Produktion von Waschmittelenzymen blickt auf einige Jahrzehnte zurück und viele Vitamine entstammen einer Produktion mithilfe von Mikroorganismen. Überall dort also, wo man mikroskopisch kleine, lebende Biotech-Helfer für die industrielle Stoffproduktion einsetzt oder Enzyme verwendet, handelt es sich um Anwendungen der Weißen Biotechnologie.

Exkurs: Waschmittel

Hätten Sie das gewusst? Mit dem Waschen der Wäsche findet moderne Biotechnologie täglich in den Haushalten statt. Zumindest kommt heute kaum ein Waschmittel ohne Enzyme aus. Sie erinnern sich? Das sind die Biomoleküle, die bei biochemischen Prozessen helfen. Darunter ist im weitesten Sinne natürlich auch die Zerstörung, der Abbau von Molekülen zu verstehen. Die Fleckentfernung ist ein solcher Abbau von Stoffen. Wenn Sie sich nun fragen, warum in den letzten Jahrzehnten die Waschtemperaturen immer weiter gesunken sind, dann sind daran auch durch bio- und gentechnische Methoden verbesserte Enzyme»schuld«, die bei niedrigeren Temperaturen die gleiche Waschleistung erbringen. Genauso wie der Katalysator im Auto die Abgase zersetzt, spalten Enzyme die Flecken bildenden chemischen Stoffe. Amylasen, eine spezielle Enzymart, zersetzen Stärke und gehen Kartoffelbrei, Schokolade oder Pudding an den Kragen, Lipasen rücken Fetten wie Salatöl, Braten-

oder Kragenfett und Kosmetika auf den Leib, Proteasen gehen gegen Ei-, Blut-, Milch- und Spinatflecken vor und Cellulasen entfernen sogar unerwünschte Baumwollfussel. Apropos Enzyme: Glauben Sie immer noch, dass die modischen stone-washed Jeans mit Steinchen in der Waschmaschine vorgewaschen und mit Chlor gebleicht werden? Dann leben Sie noch in den Achtzigerjahren. Heute bleicht das bei hohen Temperaturen stabile Enzym Peroxidase den Indigofarbstoff der Jeans und reduziert auf diese Weise Sondermüll und Abwässer.

Tatsachen Weiße Biotechnologie

Die Weiße Biotechnologie hat längst den Pfad der Laborspielerei verlassen. Evonik etwa ist weltweit führend in der Herstellung essenzieller Aminosäuren, also solcher Stoffe, die der Körper benötigt, aber selbst nicht herstellen kann. Durch die Verwendung dieser biotechnisch hergestellten Aminosäuren als Futtermittelzusatz kann auf das sonst übliche Sojaschrot, das diese Aminosäuren enthält, verzichtet werden. Gelänge es mit dieser Technologie, die rund 200 Millionen Schweine in der Europäischen Union effizient zu versorgen, reduzierte allein dies den Boden- und Wassereintrag von überschüssigem Stickstoff um rund 230.000 Tonnen jährlich. Allein von der Aminosäure L-Lysin produziert Evonik (ehem. Degussa) jährlich über eine Million Tonnen. Auch Wacker Chemie stellt Aminosäuren her. L-Cystein wurde früher klassisch aus Haaren und Federn durch die Einwirkung von Salzsäure mühsam extrahiert. Heute werden rund 4.000 Tonnen jährlich fermentativ in einem modifizierten *E.-coli-Darmbakterium* produziert. Die Kosmetik-, die Nahrungsmittel- und die Pharmaindustrie, die L-Cystein als Zusatzstoff verwenden, danken es.

Ein weiteres Beispiel liefert die Herstellung von Vitamin B_2 durch weltweit führende Unternehmen, wie zum Beispiel der BASF, mithilfe von gentechnisch veränderten Mikroorganismen, etwa speziellen Hefezellen. Sie ersetzte die Abfolge mehrerer chemischer Produktionsschritte durch eine einzige Fermentation mithilfe des gleichermaßen wohlklingenden wie unaussprechlichen Mikroorganismus *Ashbya gossypii*. Die Resultate darüber hinaus waren: 40 Prozent Kostenreduktion und 95 Prozent weniger Abfall, aber vor allem auch die Sicherung der Arbeitsplätze gegenüber der asiatischen Konkurrenz, die inzwischen weit billiger chemisch produzieren konnte, und der Erhalt der Profitabilität – Nachhaltigkeit also auf allen Gebieten.

Interessant ist auch das folgende Beispiel: Zuckermoleküle können, wenn fünf, sechs oder sieben von ihnen verknüpft sind, einen Ring bilden. Der Fachmann spricht von Cyclodextrinen. Ihre spezielle molekulare Struktur befähigt diese Stoffe, entweder dort eingelagerte Duftstoffe abzugeben oder belästigende Geruchsstoffe aufnehmen. Diese Fähigkeit wird bereits in Duftstoppersprays und Waschmitteln eingesetzt. Aber erst die biotechnische Produktion ermöglichte ihren Einsatz in Produkten des täglichen Bedarfs. Das Ganze passiert übrigens mit einem Enzym, das CGTase – sprich »C. G. T. ase« – heißt, und führt zu jährlich mehr als 5.000 Tonnen biotechnisch aus Maisstärke hergestellten Cyclodextrinen.

Neue Stoffe aus der Produktion mithilfe von Mikroorganismen sind auch Ceramide von Evonik oder Ectoin des noch nicht börsennotierten Unternehmens bitop. Diese Stoffe können als Hautschutzprodukte in Kosmetika Anwendung finden. Dabei ist interessant, dass es sich bei den Ceramiden um natürliche Schutzschilde handelt, die auch die menschliche Haut beinhaltet. Sie können inzwischen biotechnisch produziert werden und wirken dann als Kosmetikbeimischung gegen Umwelteinflüsse. Beim Ectoin handelt es sich dagegen um einen Stoff, der in speziellen extremophilen Bakterien auftritt und ihnen dabei hilft, in hohen Salzkonzentrationen zu überleben. Warum also sollte dieser Stoff nicht als Abwehrschild für stressgeplagte Haut geeignet sein?

Und wie sieht es international aus? Das amerikanische Unternehmen Cargill besitzt eine Produktionsstätte, mit der es jährlich 140.000 Tonnen Polymilchsäure herstellen kann. Diese ist Basisstoff für Folien, Tüten und Behälter. Dabei kann dieser Biokunststoff entweder so modifiziert werden, dass er sich schnell auf dem Kompost zersetzt, oder aber, dass er jahrelang seine Funktionsfähigkeit beibehält. Ähnlich machten es die Unternehmen Metabolix und Archer-Daniels-Midlands (ADM). Sie errichteten im Rahmen eines Joint-Venture eine Anlage für die Herstellung von jährlich 50.000 Tonnen des Biokunststoffs Polyhydroxybutter-säure (PHB). DuPont hingegen investierte über 500 Mio. USD, um die Grundchemikalie 1,3-Propandiol biotechnisch aus Stärke herzustellen. Bei einer Jahresproduktion von 45.000 Tonnen soll diese Vorstufe für einen Kunststoff rund 40 Prozent an Energie einsparen helfen. Auch in der Automobilindustrie ist die Weiße Biotechnologie bereits angekommen. Evonik stellt für diesen Industriezweig den mit ETBE abgekürzten, kompliziert auszusprechenden Ethyl-Tertiär-Butyl-Ether, der als Antiklopfmittel für Benzin verwendet wird, in einer Größenordnung von 250.000 Tonnen pro Jahr auf der Basis von Bioethanol her. Und der weltweit als Branchenprimus angesehene DSM-Konzern macht neben der Herstellung von Vitaminen, Enzymen und Peptiden als Nahrungsergänzungsmitteln neuerdings auch durch ein Projekt auf sich aufmerksam, in dem er versucht überschüssiges Kohlendioxid aus der Luft als Ausgangsstoff für Hightech-Kunststoffe zu nutzen. Das könnte ein wichtiger Beitrag zum Klimaschutz werden.

Neue biologische Moleküle und Materialien werden als verträglichere Schädlingsbekämpfungsmittel in alte und vor allem neue Anwendungen drängen, ebenso Kunststoffe aus natürlichen Polymeren, Biobrennstoffe, Nahrungsmittel- oder Kosmetikaddititive mit Gesundheitsnutzen, sogenannte Nutri- oder Cosmiceuticals, neuartige Lösungsmittel, Spezialitäten à la Cyclodextrine mit neuen nützlichen Eigenschaften oder Feinchemikalien als neuartige natürliche Aromen.

Deutschland ist in der Weißen Biotechnologie unter den weltweit führenden Nationen. Dies basiert auf der maßgebenden Rolle der chemischen Industrie, die trotz aller Unbilden, die die Branche oft erfährt, noch immer Innovationsmotor für viele andere Branchen ist. Steigende Erdölpreise, der Ruf nach einer biobasierten Ökonomie und noch höhere Ansprüche an den Umwelt- und Klimaschutz sowie fallende Preise im weltweiten Wettbewerb sind maßgebliche Treiber der Weißen Biotechnologie. Nicht umsonst bewegen Wirtschaft und Staat in Deutschland derzeit rund 600 Mio. Euro. Ein Bestandteil davon ist eine 60 Mio. Euro umfassende Förderung, die unter dem Namen *BioIndustrie im Jahr 2021* läuft. Die Jahreszahl 2021 gibt dem interessierten Investor aber auch gleich noch einen wertvollen Hinweis: Biotechnologie, ob Rot, Grün, Weiß oder andersfarbig, zeichnet sich immer durch Langfristigkeit aus.

Exkurs: Neue Stoffe

Ginge es bei der Weißen Biotechnologie nur darum, chemische Prozesse durch biotechnische Verfahren zu ersetzen, die weniger Prozessschritte, weniger Energie und weniger Ausgangsstoffe benötigen, dann käme sicher nicht ihr volles Potenzial zum Tragen. Insbesondere junge Unternehmen setzen auf eine andere strategische Karte, denn aus der Optimierung von Waschmittelenzymen wird sicher keine mit Renditefantasie gespickte Equity Story für einen Börsengang. Neue Moleküle mithilfe der Weißen Biotechnologie finden, lautet deshalb die Parole. Vorbild ist die pharmazeutische Industrie, in der molekularbiologische Durchbrüche zu völlig neuen Medikamentenklassen geführt haben. Die Natur selbst hält noch unzählige Stoffe bereit, die im Alltag erstaunliche Eigenschaften entfalten könnten. In diesem Zusammenhang sind daher drei Forschungsbegriffe von Bedeutung:

Extremophile Mikroorganismen sind kleinste Lebewesen, die sich in scheinbar lebensfeindlichen Umgebungen wohlfühlen, etwa bei hohen Temperaturen in Geysiren oder in sehr sauren Medien mit niedrigem pH-Wert, vergleichbar mit der Magensäure des Menschen oder der Batteriesäure eines Autos. Solche Überlebenskünstler bergen erstaunliche Potenziale für neue Stoffe, da diese entweder Bestandteile ihres Organismus sind oder von ihm produziert werden können. So gibt es Tieftemperatur-Enzyme, die noch um den Gefrierpunkt von Wasser aktiv sind. Noch ist eine Waschtemperatur von 15 Grad Celsius eine wissenschaftliche Vision, aber sie ist keine Utopie mehr. Die großen Waschmittelkonzerne forschen bereits an solchen Lösungen.

Metagenomik ist eine moderne Technologie, die inzwischen sehr viele kleinere Unternehmen beherrschen. Dazu nimmt man sich ein sogenanntes Habitat, also einen charakteristischen Lebensraum einer Art, und macht sich das dort enthaltene Genom zunutze. Die durch einen Spatenstich gesammelten Erbanlagen aus dem Stadtpark bilden zum Beispiel so ein Metagenom der dort lebenden Mikroorganismen. Diese können im Labor mithilfe anderer Organismen kultiviert werden, um so ein neues Stoffpotenzial zu erschließen. Kein schlechter Trick, wenn man bedenkt, dass Annahmen zufolge über 99 Prozent der geschätzten Abermillionen Mikroorganismen an sich nicht kultivierbar und damit vermehrungsfähig sind.

Molekulare Evolution beschreibt verschiedene Laborpraktiken, die zum Ziel haben, viele Moleküle einer Sorte, zum Beispiel Enzyme, gezielt zu verändern (zu mutieren), die besten für einen bestimmten Zweck aus einem Experiment auszuwählen und das Ganze so oft zu wiederholen, bis es nichts mehr zu optimieren gibt. So erhält man etwa ein Enzym, das besonders gut Fettflecken entfernt.

Weiße Biotechnologie für Anleger

Die Weiße Biotechnologie ist aktuell sehr populär. Es ist häufig auch von der dritten Welle die Rede. Zuerst geriet die Rote Biotechnologie ins Blickfeld, dann die Grüne und nun als Drittes die Weiße Biotechnologie. Für eine bessere Einschätzung der Anlagemöglichkeiten in diesem Sektor ist es hilfreich, zwischen den großen Chemieunternehmen und den kleinen Biotech-Unternehmen zu unterscheiden.

Profitable Chemieriesen mit geringem Anteil

Die schnelle und sichere Rendite ist auch mit der Weißen Biotechnologie nicht zu erzielen. Trotz beachtlicher Innovationen hat der Kapitalmarkt diese scheinbar langweilige, weil in große Unternehmen eingebettete Technologie noch nicht wirklich in sein Herz geschlossen. Tatsächlich sind jedoch europäische Forschungszentren und Biotech-Unternehmen und die europäische Chemieindustrie international führend in der Weißen Biotechnologie, allen voran deutsche Unternehmen wie BASF, Evonik, Henkel und zunehmend auch andere. Häufig genannte Namen sind auch noch Lanxess, Südchemie, Südzucker und Wacker Chemie. Allerdings herrscht noch keine vollständige Transparenz. Dies sei dem Laien und dem neu in die Thematik Einsteigenden gesagt. Es gilt aber auch für den Fachmann. Das Bekenntnis eines Unternehmens zur Weißen Biotechnologie ist deshalb zunächst erst einmal nur ein Indiz für ein strategisch weitblickendes Management, denn die Weiße Biotechnologie liefert wichtige Impulse für eine nachhaltige und umweltverträgliche Produktion. DSM als Branchenprimus verdient daher eine genauere Betrachtung.

Fallstudie DSM

Das bemerkenswerteste Beispiel unter den großen Chemieunternehmen dürfte DSM darstellen. Vor mehr als 130 Jahren als Dutch State Mines gegründet, bekennt sich der weltweit in vielen Sparten führende Hersteller von Basis- und Spezialchemikalien für die Pharma-, Agro-, Textil-, Futtermittel- und Lebensmittelindustrie zur Nachhaltigkeit und hier insbesondere zur Biotechnologie. Die Petrochemie, also die Erdöl- und Erdgaschemie, wurde vor einigen Jahren vollständig abgestoßen. Eindeutiger hätte die Neupositionierung kaum ausfallen können. Der DSM-Aktienkurs verdoppelte sich in den letzten Jahren nahezu, gab jedoch zuletzt mit der gesamten Börse nach. Bemerkenswert ist, dass sich nur drei der weltweit agierende Chemieunternehmen auch im Geschäftsbericht zur Weißen Biotechnologie bekennen: BASF, Degussa (Evonik) und eben DSM. Nur die Niederländer öffnen allerdings alle Transparenzpforten und sind die einzigen, die den mit Weißer Biotechnologie erzielten Umsatz quantifizieren: Der Gesamtumsatz des Unternehmens betrug im Jahr 2006 knapp 8,4 Mrd. Euro. Davon wurden fast 18 Prozent mit Produkten und Verfahren der Weißen Biotechnologie erwirtschaft. Damit dürften die Niederländer prozentual gesehen mit weitem Abstand führen.

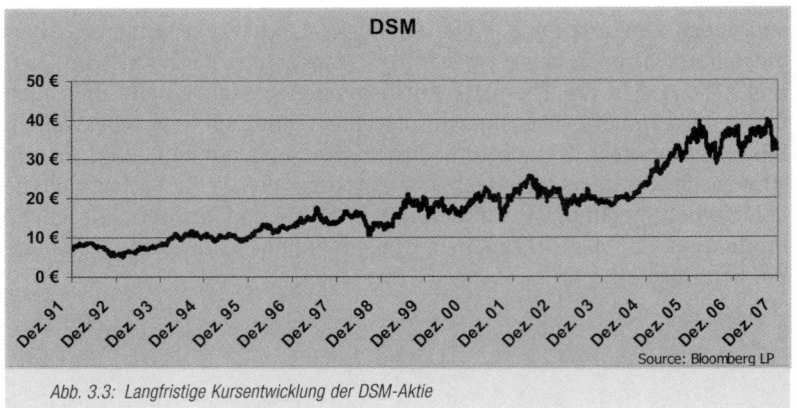

Abb. 3.3: Langfristige Kursentwicklung der DSM-Aktie

Kleine Innovatoren auf dem Weg zum Markt

Die jungen Wilden der Weißen Biotechnologie müssen sich erst noch beweisen und weltweit sind es bisher nur wenige, die sich ins aktive Börsengeschehen begeben haben, wie zum Beispiel Diversa, Maxygen oder die US-amerikanische Genencor, die inzwischen von der dänischen Danisco aufgekauft wurde und bereits bei ihrer Gründung im Jahr 1982 auf Weiße Biotechnologie setzte, als noch niemand den Begriff kannte. Die Investmentalternativen sind also noch bescheiden und spiegeln die globale Verteilung der Geschäftätigkeit in der Biotechnologie wider. Die Rote Biotechnologie ist einfach dominierend und weist eindeutig die bisher besseren durchschnittlichen Renditechancen nach. Von den etwa zwei Dutzend in Deutschland in der Weißen Biotechnologie aktiven Unternehmen, dürfte die zuletzt mit 12,5 Mio. Euro Venture Capital ausgestattete und auf Metagenomik, Enzyme und andere bioaktive Stoffe spezialisierte Brain eines der ersten börsennotierten Biotech-Unternehmen der Weißen Biotechnologie werden. Auch die Direvo Biotech, mit einem gemischten Geschäftsmodell aus Weißer und Roter Biotechnologie, hat aufgrund ihrer Finanzierung durch Wagniskapital gute Aussichten, in den nächsten Jahren ein Börsenkandidat zu werden. Ein sprunghafter Anstieg der Börsengänge ist allerdings selbst auf mittlere Sicht nicht zu erwarten.

Name	Arbeitsgebiet	Land	ISIN	Kurs zum 31.12.2007 in Euro
Ajinomoto	Aminosäuren	JAP	JP3119600009	7,51
Alligator	Molekulare Evolution	SWE	-	-
Archer-Daniels-Midlands (ADM)	Biopolymere, Biokraftstoffe	USA	US0394831020	31,25
BASF	Vitamine, Intermediate	D	DE0005151005	101,26
Cargill Dow	Biopolymere, Chemische Produkte	USA	-	-
Codexis	Prozeßentwicklung, Feinchemikalien	USA	-	-
Danisco/ Genencor	Enzyme	DK	DK0010207497	47,90
Diversa/Verenium	Biodiversität, molekulare Evolution	USA	US92340P1003	3,61
DSM	Antibiotika, Feinchemikalien	NL	NL0000009827	32,33
DuPont	Biopolymere	USA	US2635341090	30,00
Evonik	Aminosäuren, Pharmaintermediate	D	-	-
Henkel Vz.	Waschmittelenzyme	D	DE0006048432	38,43
Lonza	Feinchemikalien	CH	CH0013841017	81,68
Maxygen	molekulare Evolution	USA	US5777761074	5,66
Metabolic Explorer	Bulk-Chemikalien	F	FR0004177046	6,30
Metabolix	Kunststoffe, Biopolymere	USA	US5910188094	15,69
Novozymes	Enzyme	DK	DK0010272129	77,01
Prokaria	Thermostabile Enzyme	IS	-	-
Proteus	Enzyme	F	-	-
Senomyx	Lebensmittel-zusatzstoffe	USA	US81724Q1076	4,90
Tanabe	Aminosäuren	JAP	4508 (WKN Tokyo)	1.059 YEN
Wacker Chemie	Chemische Produkte	D	DE000WCH8881	197,70

Tab. 3.2: Auswahl privater und börsennotierter Unternehmen der Weißen Biotechnologie

Blick auf den Aktienmarkt

Die Rote, also die medizinische, und die Grüne, die Agrobiotechnologie, stehen schon im Rampenlicht. Dagegen ist die Weiße, die Industrielle Biotechnologie, noch weitgehend unbekannt, obwohl sie längst unseren Alltag mitbestimmt. Auch ihre volks- und betriebswirtschaftlichen Potenziale kennt noch kaum jemand. Die Weiße Biotechnologie hat noch ein Visibilitätsproblem am Kapitalmarkt. Wenn die Branchenauguren recht behalten, dann wird die Entwicklung neuer Verfahren und vor allem neuer Stoffe mithilfe der Weißen Biotechnologie weniger aufwendig und weniger riskant sein als die Neuentwicklung eines Medikamentes in der Roten Biotechnologie. Geringere Risiken durch weniger häufige Produktausfälle oder durch in der Entwicklung auftretende Verzögerungen sind allerdings in der Regel auch gepaart mit einer geringeren Rendite. Ansonsten setzt die Weiße Biotechnologie die Kapitalmarktgesetze außer Kraft. Für eine weniger riskante Depotbeimischung sind Unternehmen der Weißen Biotechnologie jedoch durchaus geeignet. Das gilt gleichermaßen für junge Unternehmen, die die Profitabilität erreicht haben, als auch für die großen, globalen Unternehmen.

 Unser Tipp!

Investments in die Weiße Biotechnologie können sowohl Potenziale bei großen Konzernen als auch bei kleinen Unternehmen bieten. Nutzen Sie die Chancen dieses sich gerade entwickelnden Marktes für Anlagemöglichkeiten.

Übrigens!

Das Thema »nachhaltige Kapitalanlagen« ist im Kommen und damit sind nicht nur Investments in die Hersteller von Windkraftanlagen und Solarenergiemodulen gemeint. Unternehmen der Weißen Biotechnologie können ebenfalls darunter fallen, denn sie verfolgen durch die Schonung der Ressourcen ökologische, durch die Finanzierung von Forschung und den Entwicklungsprozess von Innovationen langfristig ökonomische und durch den Erhalt und das Schaffen qualitativer Arbeitsplätze soziale Ziele. In dem im Jahr 1999 eingeführten Dow Jones Sustainability Index (DJSI) finden sich daher auch Unternehmen, die sich mit Weißer Biotechnologie befassen, wie zum Beispiel BASF, Danisco, Dow Chemical, Henkel oder Novozymes. Allerdings kann ein dermaßen breit über alle Branchen angelegter Index nur zur Vervollständigung der Informationen dienen, nie jedoch als alleinige Entscheidungsgrundlage für ein Stock-Picking.

3.4 Blau, Grau und weitere Farben der Biotechnologie

Unter den Begriff Blaue Biotechnologie, auch Marine Biotechnologie, fallen Produkte, die mithilfe von Organismen aus dem Meer gewonnen werden. Zu ihnen gehören vor allem Algen und Mikroorganismen, die in der Tiefsee leben – eine weitere Art der Extremophilie. Sie bergen noch erhebliches Potenzial für das Auffinden neuer Stoffe. Natürlich sind diese Forschungsvorhaben interessant. Man kann sie aber, wenn es sich zum Beispiel um neue Medikamente handelt, viel nachvollziehbarer der Roten, und beim Einsatz in biotechnischen Produktionsverfahren, der Weißen Biotechnologie zuordnen. Damit ist auch die Zuordnung der Farben Rot, Grün und Weiß zu den Abnehmermärkten Medizin, Ernährung im weiteren Sinne und Industrie erneut viel eindeutiger. Eine Betrachtungsweise, die auch dem Investor hilft. Blaue Biotechnologie muss als Querschnittstechnologie für alle Abnehmermärkte betrachtet werden.

Die Graue Biotechnologie nimmt eine Sonderstellung ein. Bis in die späten Neunzigerjahre diente dieser Begriff sowohl für den Einsatz der Biotechnologie in Umweltschutzanwendungen als auch für die Bereiche, die heute der Weißen Biotechnologie zugerechnet werden. Die Farbe Weiß kannte in diesem Zusammenhang noch niemand. So führt heute die Graue Biotechnologie ein gleichfarbiges Schattendasein, egal ob es um den Einsatz von Mikroben bei der Abwasseraufbereitung oder der Renaturierung kontaminierter Böden geht. Pflanzen zum Aufspüren von Sprengstoffen durch die Veränderung der Blattfarbe oder die Anreicherung von Schwermetallen zu verwenden, sind da schon spannendere Aspekte, wenngleich diese Phänomene auch wieder der Grünen Biotechnologie zuzuordnen wären.

Über die außerdem noch herumgeisternden Farben, wie Braun und Gelb, oder die Mischfarbe Pink, unter der sich gleichzeitig Unternehmen der Roten und der Weißen Biotechnologie wiederfinden sollen, decken wir den Mantel des Schweigens. Hier erfährt die Zuordnung von Biotech-Unternehmen zu Farben ihre Grenzen.

Übrigens!

Die Goldene Biotechnologie gibt es ebenfalls nicht! Nur für Sie hoffentlich, unsere Leser, in einigen Jahren, wenn Sie am Ende dieser Lektüre die richtige Auswahl für Ihr Biotech-Investment getroffen haben. Doch kurzzeitig tauchte der Begriff der Goldenen Biotechnologie auf. Ihm ist aber mit einem Schmunzeln zu begegnen: Am 11. Februar 2005 wendete sich die Phage Genomics Inc. aus den USA – laut Pressemeldung aufgrund einer Umstrukturierung, vermutlich aber, weil das Eigenkapital knapp geworden war – von der Biotechnologie ab, um sich nunmehr dem Goldschürfen hinzugeben. Falsche Planung, Pech in der Forschung und Selbstüberschätzung des Managements sind leider auch immer wieder eine Art von Biotechnologie-Risiko

Unser Tipp!

Vergessen Sie alle Farben der Biotechnologie abgesehen von Rot, Grün und Weiß. Verwirrung ist vorprogrammiert. Schlussendlich helfen die Farben nur bei der ersten Orientierung, denn Sie wollen rentable Investments und nicht Rote Aktien, Blaue Fonds, Grüne Zertifikate oder Weißes Private Equity.

4 Besonderheiten der Roten Biotech-Industrie

In diesem Kapitel:

→ Besonderheiten des Sektors und Wissenswertes zur Beurteilung von Anlagechancen.

→ Entwicklungskosten, Pipelines, Ausfallraten, Medikamentenzulassung, klinische Studien, Patente und Waisenmedikamente.

→ Kooperationsmodelle und Zahlungsmodalitäten zwischen Biotech und Big Pharma.

→ Die größten Pharmaunternehmen und die Innovationslücke.

Die Einteilung der Biotechnologie in die drei Hauptfarben Rot, Grün und Weiß gibt einen ersten Anhaltspunkt, um den Markt zu klassifizieren, auf den das Geschäftsfeld eines Unternehmens abzielt. In der Roten Biotechnologie ist es der Gesundheitsmarkt, in der Grünen Biotechnologie der Agrar- und Pflanzenschutzmarkt und bei der Weißen Biotechnologie geht es um die industrielle Produktion und um Stoffe mit neuen Eigenschaften. Die Unternehmen, die sich hinter den drei Farben verbergen, und ihre Geschäftsmodelle sind allerdings, wie wir bereits gesehen haben, nicht als gleichwertig zu betrachten. Für den Anleger kommt hinzu, dass es in den verschiedenen Sektoren nicht annähernd gleich viele Unternehmen gibt.

4.1 Asymmetrisches Potenzial in der Biotechnologie

Werfen wir beispielsweise einen Blick auf den deutschen Markt: Nach einer Zählung von biotechnologie.de, einer Initiative des Bundesministeriums für Bildung und Forschung (BMBF), gibt es in Deutschland 495 Biotechnologie-Unternehmen, die im Jahr 2006 insgesamt 14.150 Mitarbeiter beschäftigten. Von diesen Unternehmen befassen sich 43,3 Prozent mit der Gesundheit des Menschen und der Humanmedizin, also der Roten Biotechnologie. Nur 7,3 Prozent der Unternehmen widmen sich der Weißen oder Industriellen Biotechnologie. Abgeschlagen mit 5,7 Prozent sind die Unternehmen der Pflanzen- oder Agrobiotechnologie. Daneben werden noch die Bereiche Tiergesundheit mit 1,6 Prozent und sonstige Anwendungen wie Bioinformatik mit 5 Prozent ausgewiesen. Verbleibt noch ein großer Anteil von 37,1 Prozent der Unternehmen, deren Produkte und Dienstleistungen man nicht eindeutig nur einem Feld zuordnen kann. Wenn wir jedoch einmal davon ausgehen, dass auch hier viele Unternehmen einen großen Bezug zu den in der Gesundheit tätigen Unternehmen haben, dürfte die Zahl der in der Roten Biotechnologie arbeitenden Unternehmen irgendwo bei 50 bis 75 Prozent liegen.

In der Schweiz, einem für den Anleger sehr interessanten Markt – wie wir später noch sehen werden –, ist dies ähnlich: 85 Prozent der jungen Biotech-Unternehmen befassen sich mit der Entwicklung neuer Medikamente und nur 8 Prozent bzw. 7 Prozent widmen sich der Grünen Pflanzenbiotechnologie oder der Weißen, der industriellen Biotechnologie. Wenig anders sind die Verhältnisse im restlichen Europa oder anderswo auf dem Globus.

Wir dürfen also mit Fug und Recht behaupten: Im Sektor der Roten Biotechnologie ist am meisten los – auch für Investoren. Dies spiegelt sich an den internationalen Börsen wider, denn das Gros der börsennotierten Biotech-Unternehmen widmet sich der Gesundheit des Menschen.

Es lohnt sich also, den Sektor der Roten Biotechnologie näher zu betrachten, denn es gibt viele für den Investor wichtige Besonderheiten zu beleuchten. In der medizinischen Entwicklung liegen schließlich nicht nur die Hoffnungen der Patienten, sondern auch die Chancen der Anleger. Glücksfällen wie Amgen, Biogen Idec, Genentech oder Genzyme stehen schließlich auch Pechvögel gegenüber.

4.2 Pharmaunternehmen und das Funktionieren der Industrie

Unter den Unternehmen, die neue Medikamente erforschen, entwickeln und schließlich auf den Markt bringen, findet man auch heute überwiegend die großen Pharmaunternehmen. Medikamentenforschung ist ein teurer Prozess und es ist keineswegs nur mit einer guten Idee getan. Ein Unternehmen muss eine Vielzahl von Fähigkeiten zusammenführen. Ein neuer Wirkstoff, also ein neues chemisches Molekül oder ein neues Biomolekül, unterliegt verschiedenen Prüfungen, die seine Wirksamkeit in der Behandlung einer bestimmten Krankheit unter Beweis stellen sollen. Gleichzeitig wird dadurch aber auch seine toxikologische Unbedenklichkeit überprüft und bewiesen, denn: Das neue Medikament soll eine

Rang	Unternehmen	Sitz	USD-Kurs per 31.12.06	Umsatz in Mio. USD	Gewinn in Mio. USD	Marktkapitalisierung in Mio. USD
1	Johnson & Johnson	USA	66,02	53.324	11.035	191.011,0
2	Pfizer	USA	25,90	48.371	19.337	184.511,6
3	GlaxoSmithKline	GB	52,76	45.475	10.765	158.058,4
4	Sanofi-Aventis	Frankreich	92,34	37.433	5.322	125.530,1
5	Novartis	Schweiz	57,44	36.031	7.202	134.882,3
6	Roche	Schweiz	153,87	34.482	7.522	132.722,5
7	AstraZeneca	GB	53,55	26.475	6.063	82.038,6
8	Merck & Co.	USA	43,60	22.012	4.631	94.458,7
9	Wyeth	USA	50,92	20.351	4.197	68.500,1
10	Bristol-Myers Squibb	USA	26,32	17.914	1.585	51.764,3

Tab. 4.1: Die weltweit größten Pharmaunternehmen (Big Pharma) im Jahr 2006

Krankheit kurieren und nicht das Gegenteil erreichen. Dafür sind viele Einzelschritte notwendig: Grundlagenforschung, Auswahl der Kandidaten für die Medikamentenentwicklung, Analytik, Optimierung, Toxikologiestudien, Tierversuchsdurchführung, klinische Studien der Phasen I bis III, Produktion, Qualitätssicherung, Registrierung, Marketing, Vertrieb, Verkauf und Überwachung.

Übrigens!

Ein schönes Beispiel für die nicht immer einfache Zuordnung zu einem Sektor ist Bayer-Schering. Der Konzern machte 2006 insgesamt rund 38 Mrd. USD Umsatz, mit der Gesundheitssparte allein allerdings nur rund 15 Mrd. USD. Der gesamte Konzern wäre also weltweit die Nummer Vier unter den Pharmaunternehmen, die Gesundheitssparte allein jedoch – was richtig ist – nur die Nummer Elf. Diese Mischkalkulation, zwei Fünftel Pharma und drei Fünftel Chemie, muss der Anleger bei seinen Investmententscheidungen berücksichtigen. Das gleiche Phänomen zeigt sich, wenn man den Anteil der Weißen Biotechnologie in den großen Chemieunternehmen betrachtet.

Es ist offensichtlich, dass ein kleines Biotech-Unternehmen diese verschiedenen Schritte der Wertschöpfung mit vielleicht gerade einmal 50 Mitarbeitern nicht bewerkstelligen kann. Pfizer, eines der weltweit größten Pharmaunternehmen hat zum Beispiel nur in Deutschland über 5.000 Mitarbeiter. Weltweit sind es rund 100.000. Davon sind fast 15 Prozent in der Forschung und Entwicklung tätig. Damit beschäftigt Pfizer allein in der Forschung und Entwicklung ungefähr so viele Mitarbeiter wie in der gesamten deutschen Biotech-Industrie arbeiten. Ein nicht unerheblicher Teil der Mitarbeiter der Big Pharma hat allerdings auch gut damit zu tun, ein neues Medikament zu bewerben, das heißt es unter den Ärzten und Apothekern bekannt zu machen. All das kann ein junges Biotech-Unternehmen kaum leisten. Auch für die Entwicklung von Medikamenten gegen weniger verbreitete Krankheiten für Nischenmärkte braucht ein kleines Biotech-Unternehmen Partner. Diese sind zum Beispiel als Contract-Research-Organisationen auf die Durchführung klinischer Studien spezialisiert oder als Contract Manufacturer auf die Wirkstoffproduktion nach der »guten Herstellpraxis«, dem allein von den Behörden akzeptierten Qualitätsstandard (good manufacturing practice). Auch Unternehmen, die sich auf den Vertrieb von Medikamenten spezialisiert haben, sind bei den Biotech-Unternehmen, die nicht über diese personalintensiven Strukturen verfügen, gefragte Partner.

Das ist die eine Seite der Medaille und aus der Sicht eines jungen Biotech-Unternehmens vielleicht eher die schlechte, denn wer sich mit Partnern verbündet, der muss vom Erfolg auch etwas abgeben. Die andere Seite der Medaille birgt die Chancen, denn nur mit einem starken Partner kann ein Medikament überhaupt auf den Markt gebracht werden. Dabei können die jungen Biotech-Unternehmen durchaus mit ihren Erfindungen wuchern, denn die großen Pharmaunternehmen haben erhebliche Lücken in ihren Forschungs- und Entwicklungspipelines. Abbildung 4.1 zeigt, dass die Anzahl der neuen Medikamente (NME = *neue molekulare Einheit* oder NCE = *neue chemische Einheit*) in den letzten Jahren tendenziell abgenommen hat, gleichzeitig aber die Ausgaben der Pharmakonzerne für die Forschung und Entwicklung immens in die Höhe geschossen sind. Ohne die Innovationskraft der Biotech-Unternehmen

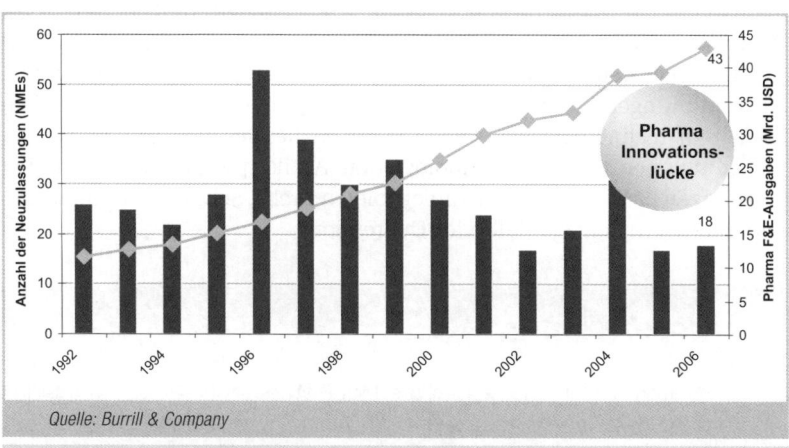

Quelle: Burrill & Company

Abb. 4.1: Zwischen den Medikamentenpipelines und den zugelassenen Medikamenten öffnet sich eine Innovationslücke

wären jedenfalls die vom Kapitalmarkt erwarteten Umsatzrenditen von circa 20 Prozent kaum zu erreichen. Eine Faustregel besagt, dass zwei bis drei umsatzstarke neue Produkte pro Unternehmen für eine solche Rendite notwendig sind. Jetzt verstehen wir auch besser, warum sich die Großen so sehr um das Wissen der Kleinen bemühen und mit steigenden Voraus- und Meilensteinzahlungen versuchen, sich schon früh den Zugang zu neuen Medikamentenentwicklungskandidaten zu sichern.

Kooperationen zwischen Groß und Klein sind dabei nicht neu. Die US-amerikanische Merck berichtet zum Beispiel stolz, dass bereits vor rund siebzig Jahren das Medikament Streptomycin, das erste Antibiotikum gegen Tuberkulose, im Rahmen einer Kooperation entwickelt wurde. Heute stammen 11 der 20 Medikamente, die Merck seit 1995 auf den Markt brachte, aus Kooperationen und sind somit das Resultat einer erfolgreichen Einlizenzierung, bei der das große Unternehmen die Vertriebsrechte vom kleinen Biotech-Unternehmen erwarb.

Dabei spricht es die Kommunikationsabteilung des Konzerns offen aus: »Mit dem Erreichen des Zeitalters der modernen Biotechnologie gehen wir davon aus, dass 99 Prozent der weltweiten Forschungsaktivitäten in der Biotechnologie außerhalb der Merck-Forschungslaboratorien stattfindet, sei es in Biotech-Unternehmen oder kleinen und mittelgroßen Pharmaunternehmen oder an Universitäten und anderen Forschungseinrichtungen.« Heute unterhalten Merck & Co. rund 50 Kooperationen allein mit jungen Biotech-Unternehmen. Sie umfassen ein breites Indikations- und Technologiespektrum, von der Alzheimer- und Schizophrenieforschung über die RNAi-Technologie, die Antikörper und die antiviralen Substanzen bis hin zu den Therapiegebieten Krebs, Schmerz, Autoimmunerkrankungen, Schlaganfall oder Depression.

! Unser Tipp!

Werfen Sie einen Blick in die Medikamentenpipelines und auf die Indikationsgebiete der Big Pharma, um zu sehen, welche Themen hoch im Kurs stehen und welche Unternehmen deshalb als Kooperationspartner nachgefragt sein könnten.

Die wissenschaftliche Intelligenz und die Kreativität verteilen sich auf alle weltweiten Forschungsinstitutionen und keineswegs nur auf die großen Pharmaunternehmen.

Zitat:

»Im Jahr 2000 leben genauso viele Wissenschaftler, wie in den 2000 Jahren zuvor«.

Jürgen Rüttgers, ehemaliger Bundesforschungsminister, 1998

Pharmazeutische Unternehmen und die Unternehmen der Roten Biotechnologie machen also grundsätzlich nichts Verschiedenes. Der Unterschied liegt allein in der Fertigungstiefe, um es einmal mit einem Begriff aus der Automobilbranche zu beschreiben. Jeder beschränkt sich auf das, was er am besten kann. Die einen forschen, die anderen produzieren, vermarkten und verkaufen. Ein Autokonzern ist auch nicht für die Produktion hervorragender Autositze, Stoßdämpfer, Airbags oder Navigationssysteme bekannt, sondern dafür, dass er neue Automodelle entwirft, die all das beinhalten. Die einzelnen Schritte übernehmen andere Unternehmen. Sie fertigen die entsprechenden Teile eines Autos nach den vorgegebenen Qualitätskriterien des Autoherstellers.

In den Jahren um die Jahrtausendwende liefen die Aktien der Pharmaunternehmen recht gut und erzielten ansehnliche Renditen. Doch neuerdings geben viele nach. Analysten prophezeien auch eine geringere Stabilität gegenüber Konjunkturzyklen. Bisher hatte die Pharmabranche den Ruf stabiler zu sein als andere. Zur Unsicherheit trägt auch eine Vielzahl auslaufender Patente bei: So werden von 2007 bis 2012 rund drei Dutzend Medikamente, darunter viele Blockbuster, ihren Patentschutz verlieren. Dies bedeutet Big-Pharma-Schätzungen zufolge einen jährlichen Umsatzverlust von bis zu 67 Mrd. USD allein in den USA. Ausgelöst wird die Krise durch preiswerte Nachahmerpräparate. Somit liegen die Hoffnungen der großen Unternehmen, den Verfall aufzuhalten, in den Kooperationen mit den Biotech-Unternehmen.

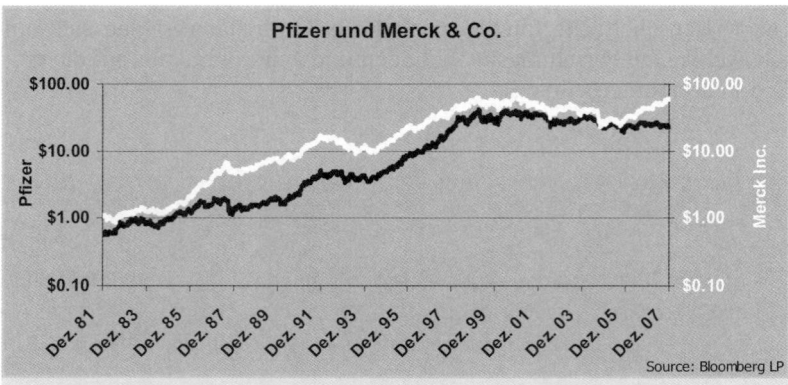

Abb. 4.2: Langfristiger Verlauf der Aktien von Pfizer und Merck im Vergleich

Übrigens!

Deutschland galt einmal als *Apotheke der Welt*. Grundlage dafür waren die Errungenschaften der Nobelpreisträger Emil von Behring (1901), Robert Koch (1905) und Paul Ehrlich (1908). Noch Anfang der Achtzigerjahre waren Hoechst und Bayer die Nummer Eins und Zwei der weltweit führenden Pharmaunternehmen. Heute sucht man deutsche Vertreter vergeblich in der Spitzengruppe. Auch die deutsch-deutsche Kombination Bayer-Schering, deren Ranking sich als Resultat der Übernahme von Schering durch Bayer im März 2006 verbesserte, ist bereits gerüchtweise wieder ein Übernahmekandidat. Schaut man sich allerdings die historischen Wurzeln der einzelnen Unternehmen an, dann sieht es gar nicht so schlecht aus. So geht das Pharmaunternehmen Pfizer Inc. (sprich *pfeiser*) tatsächlich auf den deutschen Auswanderer Karl Pfizer aus Ludwigsburg zurück. Und das amerikanische Unternehmen Merck & Co. Inc. hat seine Wurzeln im 17. Jahrhundert in der Engel-Apotheke in Darmstadt. Dabei ist Merck nicht gleich Merck. Es handelt sich auf beiden Seiten des Atlantiks um zwei verschiedene Unternehmen, des gleichen Ursprungs. Die Unternehmen wurden jedoch infolge des Ersten Weltkrieges voneinander getrennt. Das deutsche Chemie- und Pharmaunternehmen Merck KGaA erregte im Jahr 2006 durch die Übernahme des größten europäischen Biotech-Unternehmens, der Schweizer Serono, Aufmerksamkeit. Sie macht mit Erbitux, einem Antikörper gegen Darmkrebs, der US-Firma ImClone in Europa gute Geschäfte. Die US-amerikanische Merck & Co., in Deutschland unter Merck Sharp & Dohme firmierend, ist zuletzt eher durch den Skandal um das Schmerzmittel Vioxx ein Begriff geworden.

Kooperationsformen zwischen Groß und Klein

Aus dem Miteinander von Biotech- und Pharmaunternehmen haben sich vier grundsätzlich verschiedene Geschäftsmodelle für Biotech-Unternehmen entwickelt. Die Kunst des Anlegers ist es, die Nuancen zu unterscheiden und die Werthaltigkeit des Geschäftsmodells sowie die damit einhergehenden Renditeaussichten zu beurteilen.

Voll integriertes Pharmaunternehmen
Diesen Weg gehen nur wenige Biotech-Unternehmen, oder besser gesagt, können nur wenige Biotech-Unternehmen – je nach ihrer Kapitaldecke – gehen. Einigen Unternehmen der ersten Stunde, wie zum Beispiel Amgen, Biogen, Genzyme oder Genentech, ist dies gelungen. Sie konnten sich alle notwendigen Funktionen aufgrund der Einnahmen aus dem Verkauf eines oder mehrerer am Markt erfolgreicher Medikamente aufbauen. In Deutschland versucht derzeit MediGene diesen langwierigen und steinigen Weg zu gehen. Am Ende bleibt der Gewinn überwiegend in der eigenen Kasse. Die Branche spricht auch von FIPCOs, den voll integrierten Pharmaunternehmen (auch FIBCO, fully integrated [bio] pharmaceutical company).

Partnerschaftliche Kooperation
Zwischen den Extremen, entweder keine Medikamente zu entwickeln oder ein voll integriertes Pharmaunternehmen zu werden, gibt es viele

Kompromisse. Im Grunde könnte sich ein Biotech-Unternehmen darauf beschränken, Forschung zu betreiben und nur die Patente mit neuen potenziellen Wirkstoffen auszulizenzieren. Das wäre allerdings finanziell wenig lukrativ, da in einem solchen Entwicklungsstadium noch weitere risikoreiche Schritte in der Forschung folgen müssten und kein Partner bereit wäre, große Summen nur für die Patente zu zahlen. Deshalb entwickeln die Biotech-Unternehmen die neuen Wirkstoffe zunächst auf eigenes Risiko weiter, solange es finanziell geht. Erst dann bieten sie diese den Pharmaunternehmen an. Dabei wird schnell deutlich, dass der Wert eines solchen potenziellen neuen Medikaments umso höher ist, je mehr Entwicklungsstufen bereits erfolgreich absolviert wurden. Das Pharmaunternehmen muss daher nicht nur die bisherigen Ausgaben des Biotech-Unternehmens, sondern auch eine zusätzliche Prämie bezahlen, die der gestiegenen Wahrscheinlichkeit Rechnung trägt, dass dieser Stoff als Medikament den Markt erreicht. Viele Biotech-Unternehmen konzentrieren sich inzwischen darauf, einen neuen Wirkstoff erfolgreich durch die klinische Phase II zu bringen. Damit ist bereits der Einsatz an Patienten erfolgreich belegt. Weniger wert ist ein Wirkstoff hingegen, wenn er schon nach der Beendigung von Phase I verkauft wird, da sich hier die Austestung noch auf gesunde Probanden beschränkt. Wenn ein Unternehmen dagegen das volle Risiko einer Wirkstoffentwicklung trägt, streicht es am Ende auch den gesamten Gewinn ein. Dann sind wir wieder beim voll integrierten Pharmaunternehmen mit eigenem Vertrieb angelangt.

Dienstleistungsunternehmen (Serviceanbieter)
Ein weniger risikoreiches Biotech-Geschäftsmodell ist das sogenannte Serviceunternehmen: Gegen Bezahlung übernimmt es festgelegte Dienstleistungen, die den Auftraggeber, zum Beispiel bei der Entwicklung eines Medikaments, unterstützen. Dazu kann die Durchführung verschiedener biochemischer Tests oder die Organisation klinischer Studien gehören. Unternehmen, die Aufträge gegen Bezahlung entgegennehmen, tragen in der Regel selbst kein Risiko und haben somit auch keinen Grund eine Prämie zu verlangen. Dies ändert sich allenfalls dann, wenn das Unternehmen in der Lage ist, nicht nur eine analytische Dienstleistung anzubieten, sondern dabei auch noch einen besonderen Qualitätsstandard erfüllt, den die Behörden akzeptieren. So kann ein spezialisierter Serviceanbieter auch als kleiner Marktteilnehmer helfen, Zeit und Geld einzusparen. Diese Leistung ist durchaus einen Aufschlag wert. Je beliebiger

die Serviceleistungen jedoch werden und je mehr Konkurrenz am Markt auftritt, desto unattraktiver wird das Unternehmen auch für Investoren.

Zulieferunternehmen

Bereits am Anfang dieses Buches haben wir einen Marktführer, der ein gutes Beispiel für diese Kategorie darstellt, kennengelernt: Qiagen. Das Unternehmen stellt selbst keine neuen Produkte mit Biotechnik her, weder Pharmaka noch andere Stoffe. Es liefert aber Werkzeuge, die in den Laboratorien der Unternehmen und Forschungsinstitute ständig benötigt werden. Das Geschäftsmodell ist einfach und vergleichsweise risikoarm. Investoren können vor allem dann davon profitieren, wenn sie früh in einen solchen Innovator investieren, der die Chance hat, die Branche zu revolutionieren. Beispiele aus der Vergangenheit sind Genentech, das die Polymerase-Kettenreaktion auslizenzierte, oder Affymetrix, das bahnbrechend auf dem Biochipmarkt agierte. Ansonsten gehören die Zulieferer der Biotech-Branche eher zu den Wirtschaftsunternehmen, die sich schon bald mit der harten Welt der Ökonomie auseinandersetzen müssen: mit dem Wettbewerb, den alternativen Technologien, dem Preiskampf. Doch das Beispiel Qiagen zeigt: Wer einen technologischen Vorsprung vor der Konkurrenz beibehalten kann und neue Geschäftsfelder betritt, kann sich gut positionieren, ohne das Risiko eines Wirkstoffentwicklers tragen zu müssen.

Übrigens!

Selbst in der späten Phase III der klinischen Tests gibt es noch Ausfallwahrscheinlichkeiten von bis zu 50 Prozent. Auch die Zulassungsphase birgt noch so manchen Stolperstein, bis zu dem Punkt, dass ein Medikament sogar wieder vom Markt genommen werden muss. Dies passierte dem Pharmaunternehmen Bayer im Jahr 2001 mit dem Cholesterinsenker Lipobay und der amerikanischen Merck im Jahr 2004 mit Vioxx, einem Mittel gegen rheumatische Schmerzen. Leider bleibt auch die Biotech-Branche davon nicht verschont, wie der Fall Tysabri, eines monoklonalen Antikörpes gegen die Autoimmunerkrankung Multiple Sklerose, im Jahr 2005 zeigte. Biogen Idec, eines der größten Biotech-Unternehmen, nahm das Medikament in Absprache mit der FDA nach mehreren Zwischenfällen vom Markt. Ein Kurssturz von fast 50 Prozent war die Folge. Dies war vermutlich auch der Grund, warum sich einer der Pioniere der modernen Biotech-Industrie zuletzt selbst am Markt zum Kauf anbot, um die Geschicke einem anderen Management zu übergeben, obwohl das Medikament nach sorgfältiger Prüfung Mitte 2006 wieder zugelassen wurde.

Exkurs: Klinische Studien

Präklinik
Bevor ein Wirkstoff am Menschen untersucht wird, werden umfangreiche Vorstudien durchgeführt. Medikamentensicherheit wird groß geschrieben. Es kommen nur solche Medikamentenkandidaten in die klinische Prüfung am Menschen, die zuvor nach dem Stand der Technik ihre Unbedenklichkeit bewiesen haben. So untersucht man beispielsweise, wie sich ein potenzieller Wirkstoff in einem Organismus verteilt und ob er auch die gewünschte heilende Wirkung erzielt. Viele Experimente können bereits im Reagenzglas und mithilfe von Zellkulturen durchgeführt werden. Dennoch gehören in der präklinischen Entwicklung immer auch Versuchsstudien am Tier dazu. In diesem Zusammenhang hört man häufig auch von sogenannten ADME-Tox-Studien. Dabei geht es darum, die Aufnahme (**A**bsorption) eines Wirkstoffs, die Verteilung (**D**istribution), den Metabolismus (**M**etabolism) – also den Abbau in Stoffwechselprodukte – und die Ausscheidung aus dem Körper (**E**xcretion) zu untersuchen. Außerdem will man Aufklärung über mögliche toxikologische, also giftige, Wirkungen auf den Organismus erhalten.

Phase I (Eins)
In dieser Phase wird die Verträglichkeit eines Wirkstoffs an 60 bis 80 freiwilligen gesunden Probanden untersucht. Dabei geht es um Folgendes: Wie greift der Wirkstoff in den Stoffwechsel des Menschen

ein? Wie wird er ausgeschieden? Bestehen unerwünschte Neben-wirkungen? Außerdem stehen Richtlinien für die Dosierung im Mittelpunkt, das heißt in welcher Menge sollte der Wirkstoff ver-abreicht werden, um den gewünschten therapeutischen Effekt her-vorzurufen?

Phase II (Zwei)
Hier beginnt erstmals die Überprüfung der Wirkung an erkrankten Personen. An 100 bis 500 Patienten wird untersucht, ob das Präpa-rat tatsächlich die erhoffte Wirkung gegen ein bestimmtes Krank-heitsbild aufweist. In welcher Dosis entfaltet das Medikament seine Wirkungen? Zeigt es Nebenwirkungen? Wenn ja, welcher Art sind sie?

Phase III (Drei)
Jetzt heißt es, den Nachweis über die Wirksamkeit und die Unbe-denklichkeit des neuen Medikaments zu erbringen. An mehr als 1.000, teils bis zu 5.000 Patienten, wird in verschiedenen medizini-schen Zentren (Multizentrenstudien) die Sicherheit des Medika-ments in der praktischen Anwendung überprüft. Die auftretenden Nebenwirkungen werden genau protokolliert. Unverzichtbar sind in diesem fortgeschrittenen Stadium vergleichende Untersuchungen zu alternativen therapeutischen Behandlungen. Übersteht die Prüf-substanz die Prozedur bis hierhin, kann die Zulassung beantragt werden.

Phase IV (Vier)
Auch nach dem Markteintritt bleibt ein Medikament unter Beobach-tung. Welche Auswirkungen zeigen sich bei den Patienten, wenn der neue Wirkstoff mit der Nahrung kombiniert wird? Welche Neben-wirkungen treten in Verbindung mit anderen Wirkstoffen auf? Uner-wünschte, bisher aus statistischen Gründen nicht erkannte Risiken kann man erst jetzt, bei der Beobachtung sehr großer Patienten-gruppen von mehreren Zehntausend Personen, erfassen. Dabei können neue Erkenntnisse auch zum Entzug der Zulassung des Medikaments führen.

Zahlungsmodalitäten in Kooperationen

Für Kooperationen existieren verschiedene Zahlungsmodalitäten, um den verschiedenen Stufen in der Medikamentenentwicklung Rechnung zu tragen. Anleger, die in Unternehmen der Roten Biotechnologie investieren wollen, sollten sich mit diesen Zahlungsmodalitäten vertraut machen. Sie spiegeln in hohem Maße die Inhalte der Pressemeldungen über junge Biotech-Unternehmen wider.

Folgende Problematik steht dahinter: Die Einkünfte aus Kooperationen fließen mitunter sehr unregelmäßig, fallen bei Erfolglosigkeit ganz aus oder verzögern sich, wenn die zu Beginn der Kooperation vereinbarten Ziele – im Branchenjargon Meilensteine genannt – nicht erreicht werden. Dies macht sich vor allem bei noch nicht profitablen Unternehmen bemerkbar. Insofern sollte sich der Anleger, der bereits investiert ist, über derartige Ankündigungen in den Presse- oder Ad-hoc-Mitteilungen freuen und hoffen, dass sie auch tatsächlich so eintreten, und der Anleger, der noch nicht investiert ist, sollte sie als Anhaltspunkt für die Attraktivität eines Unternehmens betrachten, aber nicht zwingend für bare Münze nehmen: Denn die fließt, wie gesagt, mitunter erst in einigen Jahren.

Art der Zahlung	Anlass der Zahlung
Vorwegzahlung (upfront payment)	Wird oft als Anerkennung für die geleistete Forschungsarbeit, für Exklusivität oder als Anteil für die zukünftig noch zu erwartenden Umsätze gezahlt.
Meilensteinzahlung (milestone payment)	Fließt, wenn bestimmte Eckpunkte einer Medikamentenentwicklung erreicht sind, etwa klinische Studien der Phase I, II oder III positiv beendet sind, oder die Zulassung bei der Behörde beantragt werden kann.
Lizenzgebühren, auch Tantiemen (royalties oder licence fees)	Variable Vergütung, die aus einem Teil des Umsatzes oder Gewinns eines Medikaments nach dessen Markteinführung besteht. Die prozentuale Höhe orientiert sich am durch das Biotech-Unternehmen übernommenen Risiko, an der Marktgröße, u.a.

Tab. 4.2: Art der Zahlungen von Big Pharma an Biotech-Unternehmen

4.3 Besonderheiten in der Medikamentenentwicklung

Es ist also einerseits richtig, dass Biotech- und Pharmaunternehmen Konkurrenten sind, vor allem dann, wenn ein Biotech-Unternehmen mit einem neuen Medikament in einen bestehenden Markt eindringt. Andererseits gibt es aber genügend Beispiele dafür, dass die beiden Unternehmenstypen oft genug nur als Partner in wechselseitiger Abhängigkeit ein neues Medikament lancieren können. Mittlerweile stammen bereits rund ein Drittel aller Produkte in den Medikamentenpipelines der großen Pharmakonzerne aus den Lizenzen der Biotech-Unternehmen, sodass manche auch keine grundsätzlichen Unterschiede mehr zwischen der Biotech- und der Pharmaindustrie in der Medikamentenentwicklung sehen. Es gibt alle möglichen Formen von Kooperationen und durch die bereits angesprochenen Unternehmenszusammenschlüsse konsolidieren die Unternehmen auch über Branchengrenzen hinweg.

Zusätzliche Besonderheiten bei der Entwicklung neuer Medikamente differenzieren das Bild weiter. Auch diese Phänomene, Regeln und Spezialitäten muss der Anleger in seine Überlegungen einbeziehen.

Hohe Kosten

802 Mio. USD kostet es im Durchschnitt, ein neues Medikament zu entwickeln, wie eine Studie eines anerkannten amerikanischen Forschungsinstituts im Jahr 2003 feststellte. Allein die Kosten für die klinischen Untersuchungen erhöhten sich in den Neunzigerjahren im Vergleich zur Dekade davor um mehr als das Vierfache und nehmen mehr als die Hälfte dieser gigantischen Zahl in Anspruch. Ähnlich sieht es in Deutschland aus: Pharmaunternehmen geben hier, laut dem Verband Forschender Arzneimittelhersteller (VFA), mehr als die Hälfte ihrer Forschungsausgaben für klinische Studien aus.

Der Grund dafür ist, dass vermehrt Medikamente gegen chronische und degenerative Krankheiten, wie zum Beispiel rheumatoide Arthritis oder

Exkurs: Pharmazeutischer Zulassungsprozess

Vor der Markteinführung eines Medikamentes steht die Zulassung durch die Behörden. In Deutschland sind dies das Paul-Ehrlich-Institut (PEI) in Langen für biologische Medikamente und das Bundesinstitut für Arzneimittel und Medizinprodukte (BfArM) in Berlin, in Europa ist es die European Medicines Agency (EMEA) in London und in den Vereinigten Staaten die Food and Drug Administration (FDA) in Rockville. Die Basis allen medizinischen Fortschritts bilden jedoch die klinischen Studien, die Prüfung biologisch aktiver Substanzen am Menschen. Seit 1995 gibt es in der Europäischen Union ein obligatorisches Verfahren für die Zulassung biotechnischer Produkte. Die EMEA prüft den Zulassungsantrag und teilt der Europäischen Kommission ihre Zulassungsempfehlung mit. Die Kommission bewirkt letztlich die Zulassungsbescheide. Diese gelten unmittelbar für alle EU-Mitgliedsstaaten sowie für Island, Lichtenstein und Norwegen.

Folgende Begriffe sind für den Biotech-Investor nützlich, wenn er in den USA investieren will:

- **New chemical / molecular entity (NCE, NME):** Hier handelt es sich um einen chemischen oder biologischen Stoff, den die FDA noch nicht als Wirkstoff in einem Medikament zugelassen hat.
- **Investigational new drug (IND):** IND ist ein bei der FDA zu beantragender Status für ein Medikament, damit es zum Beispiel in einer neuen Anwendung gegen eine bisher nicht mit diesem Medikament behandelte Krankheit untersucht werden kann. Dies ist die Voraussetzung für die Durchführung klinischer Studien.
- **New drug application (NDA):** NDA ist die nach erfolgreichem Abschluss der klinischen Studien zu beantragende Erlaubnis, ein neues Medikament in den Verkehr zu bringen.

Alzheimer, entwickelt werden. Dies ist teurer, da längere Patientenbeobachtungen nötig sind. Dazu kommen die steigenden Kosten für die Anwerbung von Patienten für klinische Studien, vor allem dann, wenn eine große Anzahl Patienten benötigt wird, um mit statistischen Methoden die Wirksamkeit eines Stoffes zu belegen. Solche Summen kann jedenfalls kein junges Biotech-Unternehmen aufbringen. Anhand dieser Begriffe der amerikanischen Zulassungsbehörde können wir noch auf einen wichtigen Unterschied aufmerksam machen.

Chemische Stoffe (chemische Einheiten/chemical entities)

Typische Beispiele für chemische Stoffe sind die Schmerzmittel Acetylsalicylsäure (Aspirin), Rofecoxib (Vioxx) oder Diclofenac (Voltaren). Dabei handelt es sich meist um kleine Moleküle, weshalb im Englischen auch von *small molecules* gesprochen wird.

Biologische Stoffe oder Biopharmazeutika (biologicals)

Bei den biologischen Stoffen handelt es sich um große Moleküle, wie etwa Proteine. Beispiele hierfür sind die Antikörper Trastuzumab (Herceptin) gegen Brustkrebs, Rituximab (Rituxan) gegen Lymphknotenkrebs oder Bevacizumab (Avastin) gegen wuchernde Krebsgeschwüre.

In der Regel entwickelt man zwar small molecules nicht immer mit biotechnischen Methoden, sondern hier bildet weiterhin die chemische Synthese, unterstützt durch Automatisierungsverfahren, den Schwerpunkt. Dennoch ordnet man auch diese Unternehmen der Biotech-Branche zu. Dies geschieht aus zweierlei Gründen: Zum einen setzen auch diese Unternehmen in der Forschung und Entwicklung Werkzeuge und Methoden der Bio- und Gentechnologie ein und zum anderen zielen selbstverständlich auch die chemischen Wirkstoffe, ebenso wie die biologischen, auf den Gesundheitsmarkt ab.

Übrigens!

Hätten Sie das gewusst? Laut der amerikanischen Investmentbank Burrill & Company war die Marktkapitalisierung aller in den USA börsennotierten Biotech-Unternehmen im Jahr 2005 mit rund 450 Mrd. USD zum ersten Mal höher als die Marktkapitalisierung der fünf großen US-amerikanischen Pharmaunternehmen Pfizer, Merck, Eli Lilly, Wyeth und Schering-Plough. Ende 2006 lag die Biotech-Industrie bei 490 Mrd. USD. Die beiden Unternehmen Pfizer und Merck hatten zu dieser Zeit zusammen einen Wert von 280 Mrd. USD. 2001 waren sie noch rund 380 Mrd. USD wert und entsprachen damit größenmäßig der gesamten börsennotierten US-Biotech-Industrie. Was hätten Sie also gekauft, wenn Sie – rein hypothetisch – zu dieser Zeit das Geld gehabt hätten? Die gesamten jungen Unternehmen einer aufstrebenden Branche oder zwei bzw. fünf alte Pharmahasen?

Exkurs: Medikamentenforschung

Leider ist es unerlässlich, einige englische Begriffe zu erläutern, um die Wirkstoffforschung in der Roten Biotech-Industrie zu verstehen.

Assay
: Ein Assay ist eine standardisierte Methode im Miniaturformat, mit der man die Wirkung zweier Stoffe aufeinander messen kann, etwa eines chemischen Stoffs und eines Targets (z.B. Schwangerschaftstest).

Biomarker
: Ein Biomarker ist ein Biomolekül, das man diagnostizieren (analysieren) kann, um den Fortgang einer Krankheit oder einer Therapie zu verfolgen (z.B. Glucose im Blut als sogenannter Blutzuckerspiegel bei Diabetes).

Hit
: Ein Treffer liegt vor, wenn ein chemischer Stoff und ein Target zueinander passen und in einem Assay chemisch miteinander reagieren, gerade so wie ein Schlüssel in sein dazugehöriges Schloss passt: Die Tür geht auf. Im Experiment kann dies eine Farbreaktion sein.

Lead
: Eine Leitstruktur ist ein chemischer Stoff, der in der Pharmaforschung als Ausgangspunkt für die Entwicklung eines neuen Wirkstoffs dient – wie ein Schlüssel, der nicht richtig passt und an einigen Stellen noch »abgeschliffen«, also chemisch verändert werden muss.

Screening
: Ein Screening ist, vor allem als schnelles Hochdurchsatzverfahren (high-throughput-screening), eine automatisierte Methode, um im Miniaturformat viele chemi-

	sche oder biologische Stoffe auf ihren Effekt auf ein Target zu untersuchen und die besten Medikamentenkandidaten herauszusieben.
Target	Eine Zielstruktur ist ein Biomolekül, das im Stoffwechsel eine wichtige Rolle spielt und einen Ansatzpunkt für einen Wirkstoff darstellt (z.B. hemmt Aspirin das Enzym-Target Cyclooxygenase, so dass die Bildung des Hormons Prostaglandin unterbunden und der Schmerz gestillt wird.

Ausfälle in der Medikamentenentwicklung

Kennen Sie das? Sie erledigen eine Aufgabe nach bestem Wissen und Gewissen und dennoch misslingt das Ergebnis. So manch einem Hobbykoch ist das vielleicht schon einmal mit einem Kuchen oder einem Soufflé passiert – trotz eines perfekten Rezepts und vielfach erfolgreicher Durchführung – und so mancher Heimwerkerin sind die Fliesen von der frisch gekachelten Wand gefallen, weil sie nicht wusste, dass die Luftfeuchtigkeit für das Aushärten des Klebers entscheidend ist. Im übertragenen Sinn ist dies durchaus mit der Forschung und Entwicklung vergleichbar. Dabei kommt noch erschwerend hinzu, dass in diesem Fall Neuland betreten wird. So kann ein gutes Team zwar die Versuche und das Vorgehen planen, aber nicht die Ergebnisse.

Stellen Sie sich vor, Sie müssten fünftausendmal würfeln, um eine Sechs zu erhalten? Mensch ärgere Dich nicht! In der Pharmaforschung zeigt die Statistik, dass es von 5.000 bis 10.000 neuen chemischen Stoffen nur ein einziger bis zu einem neuen Medikament schafft. Die Erfolgswahrscheinlichkeit liegt unterhalb der Promillegrenze. Der Vergleich mit einer Suche nach der Stecknadel im Heuhaufen liegt deshalb in der Medikamentenforschung sehr nahe. Heute in der genomischen Ära, in der man das Ganze noch wesentlich detaillierter und in allen seinen Kombinationen betrachten kann, starten die Forscher ihr Werk mitunter mit mehreren Millionen biologischer Stoffe. Wenngleich das Hochdurchsatzscreening Erleichterungen in der Handhabung brachte, kommt am Ende – trotz größerer Vielfalt und höchster Sorgfalt – auch nur ein einziges neues biologisches Medikament heraus. Nehmen Sie zum Beispiel MorphoSys. Das Unternehmen gehört zu den weltweit führenden Biotech-Unternehmen bei humanen Antikörpern. Die von dem Unternehmen angebotene Antikörperbibliothek für das Auffinden neuer biologischer Wirkstoffe enthält über zwölf Milliarden Antikörper, die für ein Screening eingesetzt werden können.

Am Anfang des Screenings stehen also mehrere Tausend chemische oder biologische Stoffe. Die 250 Besten unter ihnen gehen in vorklinische Studien mit Zelltests, Untersuchungen zu ihrer Giftigkeit und mit Tierversuchen, bevor mit den wiederum fünf Besten dieser Gruppe klinische Studien gestartet werden können. Nach insgesamt etwa fünfzehn Jahren schafft es ein neuer Wirkstoff dann als Medikament auf den Markt zu kommen. Diese Ausfallraten muss ein Investor bei der Aktienanlage unbedingt berücksichtigen, denn es gilt: Je umfangreicher die Medikamentenpipeline eines Unternehmens ist, desto größer ist die Wahrscheinlichkeit, dass ein Unternehmen am Ende auch ein neues Medikament entwickelt. Vor diesem Hintergrund suchen sich die Unternehmen Partner, um ihre Pipeline auf hohem Niveau zu füllen. Das führt zwar dazu, dass sie den Erfolg teilen müssen, aber für den Fall, dass sie eine Medikamentenentwicklung abbrechen müssen, ist es auch geteiltes Leid.

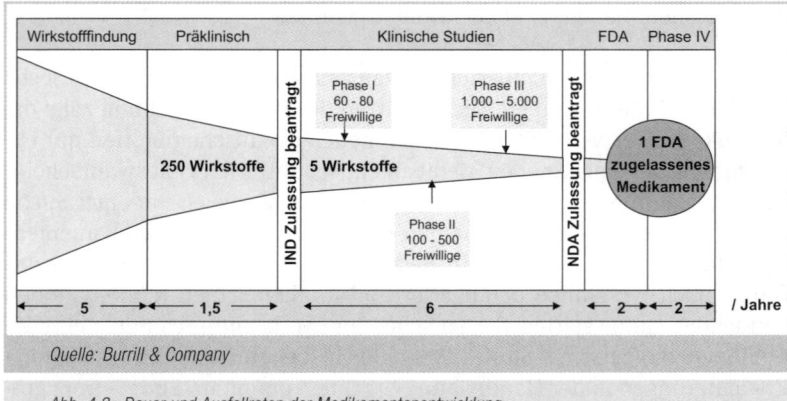

Quelle: Burrill & Company

Abb. 4.3: Dauer und Ausfallraten der Medikamentenentwicklung

Patente

Dies ist ein ganz wichtiges Thema in der Pharmaforschung und -entwicklung. Wie Sie gesehen haben, kann die Entwicklung eines neuen Medikamentes – ohne großes Bummeln – viel Zeit in Anspruch nehmen. Wenn soweit alles gut gegangen ist, verbleiben einem Unternehmen noch genau fünf Jahre, um das bisher investierte Kapital – wenn man von einem Minimalziel ausgeht – wieder hereinzuholen. Fünf Jahre deswegen, weil ein Patent ab dem Zeitpunkt seiner Einreichung beim Patentamt nur zwanzig Jahre Bestand hat. Bis dahin muss das Unternehmen seine Schäfchen im Trockenen haben, denn vom ersten Tag des Patentablaufs an kommen die Generika in die Apotheken. Diese Nachahmerpräparate können andere Unternehmen wesentlich preiswerter anbieten, da sie nicht in teure Grundlagenforschung investieren mussten, sondern das Medikament völlig legal kopieren können.

Nicht immer bleiben fünf Jahre für eine Vermarktung, oftmals sind es nur zwei oder drei Jahre. Dieser Trend zu immer kürzeren Vermarktungszeiträumen ist darauf zurückzuführen, dass die klinischen Studien in den letzten Jahren immer mehr Zeit beanspruchen. In den Achtzigerjahren dauerten sie, laut der amerikanischen Zulassungsbehörde FDA, nur 2,7 Jahre. Im Zeitraum von 2002 bis 2004 waren es bereits im Durchschnitt 6,4 Jahre. Das ist mehr als einer Verdoppelung und nicht zuletzt eine Folge der kontinuierlich steigenden Anforderungen an die Medikamentensicherheit. Um seitens des Patentschutzes einen Ausgleich zu bieten, gibt es inzwischen unter bestimmten Bedingungen auch ergänzende Schutzzertifikate für medizinische Produkte (supplementary protection certificate), die eine Patentlaufzeitverlängerung von maximal bis zu fünf Jahren beinhalten.

Achten Sie deshalb in den Veröffentlichungen der Unternehmen vor allem auf neue Nachrichten, die die Patente der Unternehmen betreffen, wie weit der Prozess fortgeschritten ist, ob andere Unternehmen Einsprüche geltend machen oder ob sie sogar vor Gericht klagen. Zu beachten ist allerdings, dass nicht gleich jede Meldung einen Kurssprung rechtfertigt. Eine Patentanmeldung oder eine Offenlegung ist noch nichts Bahnbrechendes. Erst die Erteilung eines Patents – und hier vor allem verknüpft mit der Frage, in welchen Ländern – macht die Werthaltigkeit für das Unternehmen aus. Denn ob ein in China – einem Land, das es erwiesenermaßen nicht so genau mit dem Patentschutz nimmt – erteiltes Patent steigende Kurse rechtfertigt, sei dahingestellt. Beachten Sie weiterhin, dass Patente auch kostspielig sind: Internationale Anmeldungen benötigen im jeweiligen Land eine intensive Betreuung durch sachkundige Patentanwälte. Dazu kommen noch Übersetzungskosten. Junge Biotech-Unternehmen, die ein umfangreiches Patentportfolio haben, um sich vom Wettbewerb abzugrenzen, sind da bald auf entsprechende zahlungskräftigere Pharmapartner angewiesen. Auch wenn abzusehen ist, dass umfangreiche Übersetzungskosten im Rahmen einer EU-Harmonisierung bald der Vergangenheit angehören könnten.

Orphan Drugs und Fast Track

Hinter diesen beiden Stichworten verbergen sich zwei Themen, auf die vor allem junge Biotech-Unternehmen häufig setzen.

Orphan Drugs sind Medikamente, wörtlich *Waisenmedikamente*, die zur Behandlung seltener Krankheiten eingesetzt werden. Da sich die großen Pharmakonzerne aufgrund ihres riesigen zu finanzierenden Apparates auf die großen Blockbuster oder auf Medikamente mit mindestens dreistelligen Millionenumsätzen fokussieren, fallen Anwendungen für kleine Absatzmärkte durch das Raster, weil es hierfür nicht so viele Patienten gibt oder weil diese innerhalb eines bestimmten Zeitraums nicht so häufig auftreten; aus der Sicht der großen Konzerne verwaisen also diese Märkte. Deshalb entschieden sich die Behörden dafür – erstmals in den USA im Jahr 1983 –, Medikamente für solche Nischenmärkte zu fördern. In Europa dauerte es noch bis zum Jahr 2000 bis die Verordnung über Medikamente für seltene Leiden in Kraft trat. Viele Länder, wie zum Beispiel Japan und Australien, sind diesem Fördergedanken gefolgt. Jedes Land regelt die Einstufung jedoch etwas anders: In der EU gilt eine Krankheit als selten, wenn weniger als fünf Personen pro 10.000 Einwohner daran erkranken. Die Unternehmen, die sich der Entwicklung eines Medikaments gegen eine Krankheit, die in diese Kategorie fällt, widmen, nehmen an einem erleichterten Genehmigungsverfahren teil und erhalten, zum Beispiel in der EU, das alleinige Vertriebsrecht für das zugelassene Medikament für die Dauer von zehn Jahren.

Auch das Fast-Track-Programm der FDA bietet jungen Unternehmen einen Vorteil. Sie können diesen Weg formal beschreiten, wenn sie ein Medikament gegen ernste und lebensbedrohliche Krankheiten entwickeln, gegen die noch keine ausreichende Therapiemöglichkeit zur Verfügung steht, wie etwa bei Krebs oder bei Infektionen. Zuletzt nahm die FDA auch die nicht lebensbedrohlichen Volkskrankheiten Diabetes und Fettleibigkeit (Adipositas) mit in das Programm auf. Das Fast-Track-Verfahren ermöglicht den Unternehmen eine besonders enge Zusammenarbeit mit der FDA, um die Entwicklung und die Zulassung von Medikamenten zu beschleunigen. Dadurch verkürzen sich in der Regel die klinischen Studien um rund zwei Jahre und die Zeit für die Prüfung und die Zulassung der Medikamente um ein weiteres Jahr.

Grundsätzlich sind also Meldungen von Unternehmen über die Erteilung eines Orphan-Drug-Status oder über die Aufnahme in ein beschleunigtes Zulassungsverfahren positiv zu werten.

Fallstudie Genzyme

Ein Paradebeispiel für Nischenmärkte ist die im Jahr 1981 gegründete Genzyme Corporation. Das Unternehmen hat sich u.a. auf die Herstellung von Enzymen für die Enzymersatztherapie spezialisiert. Dabei werden Enzyme, die dem Körper fehlen, von außen zugeführt, um die lebensnotwendigen Stoffwechselprozesse aufrechtzuerhalten. Bei Morbus Gaucher führt zum Beispiel das Fehlen des Enyzms Glukozerebrosidase zu einer Schwächung des Körpers. Morbus Fabry ist eine seltene, erblich bedingte Krankheit, die mit Schmerzen, Fieber und Müdigkeit verbunden ist. Hier heißt das fehlende Enzym alpha-Galaktosidase. Auch Morbus Pompe ist eine seltene Erbkrankheit, die sowohl im Kindes- als auch im Jugend- oder Erwachsenenalter auftreten kann und zu schweren Beeinträchtigungen führt. In diesem Fall wird die saure Maltase über die Blutbahn zugeführt. Alle diese Enzyme hat Genzyme erfolgreich am Markt eingeführt, häufig nach langwierigen Verhandlungen mit den Krankenkassen, um Kostenerstattung zu erreichen. So erkrankt an Morbus Gaucher im Durchschnitt eine von 50.000 Personen. Bei Morbus Fabry ist genetisch bedingt, einer von 40.000 Männern betroffen. Bei Morbus Pompe trifft es schätzungsweise eine von 40.000 Lebendgeburten. Heute kann man rund 6.000 seltene Krankheiten unterscheiden. Genzyme hat inzwischen Niederlassungen auf allen Kontinenten und ist unter den Top Ten der nach neuen Medikamenten forschenden Biotech-Unternehmen.

4.4 Biosimilars, die Biotech-Nachahmerpräparate

Sie haben sich sicher schon gefragt, warum es zwei Begriff für die doch scheinbar gleiche Sache gibt? Generika und Biosimilars. Generika, preiswerte Nachahmermedikamente, gibt es schon seit Jahrzehnten. Der Wirkstoff Acetylsalicylsäure, uns allen unter dem Verkaufsnamen Aspirin von Bayer bestens vertraut, steht schon lange nicht mehr unter Patentschutz. Inzwischen gibt es Aspirin von vielen anderen Herstellern. Hinter der Acetylsalicylsäure verbirgt sich ein chemischer Stoff. Er ist in seiner Struktur eindeutig, das Molekül immer durch die gleiche Anzahl Kohlenstoff-, Sauerstoff- und Wasserstoffatome charakterisiert, die in gleicher Art und Weise miteinander verknüpft sind – eine überschaubare Angelegenheit. Bei Biomolekülen, wie Proteinen, ist das nicht so. Proteine sind sehr große Moleküle, die oftmals aus mehr als 1.000 Atomen aufgebaut sind. Und jetzt kommt der entscheidende Unterschied: Diese Proteine, später einmal als Biopharmazeutika eingesetzt, werden in Mikroorganismen oder Zelllinien tierischen bzw. menschlichen Ursprungs produziert. Das macht aber jede Zelle etwas anders, was sich in kleinen Unterschieden in den Proteinen ausdrücken kann. Obwohl also immer Proteine mit einer genau definierten Funktion zur Heilung eines Leidens produziert werden, unterscheidet sich ihre jeweilige Struktur ein wenig. Dies drückt sich häufig dadurch aus, dass sich auf der Oberfläche der Proteine je nach Mikroorganismus unterschiedliche Zuckermoleküle befinden. Die Struktur ist also verschieden, die Funktion ist gleich – wobei auch diese eingeschränkt sein kann. Sie erinnern sich sicher an das Beispiel mit dem Insulin und den Unterschied zwischen Human- und Schweineinsulin. Weil die Hersteller von Nachahmermedikamenten aber nicht unbedingt wissen, welchen Mikroorganismus der Pionier dieses Biomoleküls genutzt hat, entsteht kein »Bioindentikum« im Sinne des Begriffs Generikum, sondern nur ein Biosimilar, also ein ähnliches Molekül.

Übrigens!

Zuletzt haben sowohl der Markt für Biopharmazeutika als auch der Markt für Generika weltweit um rund 15 Prozent zugenommen. Noch haben beide Märkte wenig miteinander zu tun. Im Mai 2006 hat die FDA mit Omnitrop, einem Wachstumshormon von Sandoz, erstmals ein Biosimilar zugelassen. Weitere Biosimilars sind in der Entwicklung, u.a. für Humaninsulin, Interferon-alpha und -beta oder Erythropoeitin (EPO). Insbesondere das die Bildung roter Blutkörperchen anregende EPO – unter Radsportlern auch als Dopingmittel bestens bekannt – erfreut sich großer Beliebtheit. Vor allem chinesische Unternehmen strengen sich hier mächtig an und haben schon große Teile des weniger regulierten chinesischen Marktes mit Nachahmer-EPOs besetzt. Auch die ehemals unter der Biotechnologieflagge am Neuen Markt notierende PlasmaSelect versucht heute ein solches chinesisches Duplikat in Europa einzuführen. Unabhängig von der noch offenen weiteren Entwicklung spricht das Marktforschungsunternehmen IMS Health von einer zunehmenden *genericization*. Wie es herausfand, gingen im Jahr 2006 mehr als die Hälfte der Pharmaumsätze auf den großen regionalen Märkten USA, Kanada, Frankreich, Deutschland, Italien, Spanien und England auf Generika zurück.

Unser Tipp!

Machen Sie sich aufgrund der vielen Anlagechancen in der Roten Biotechnologie mit den Besonderheiten dieses Sektors vertraut. Dadurch können Sie die Unternehmensmeldungen besser beurteilen.

5 Marktchancen in der Biotechnologie

In diesem Kapitel:

→ Ist die Biotechnologie der nächste Kondratjew-Zyklus?

→ Details zu den verschiedenen Wachstumssektoren der Biotechnologie.

→ Einblicke in die generellen Chancen und Risiken der Branche.

→ Beispiele für unternehmerische Risiken und Branchenrisiken.

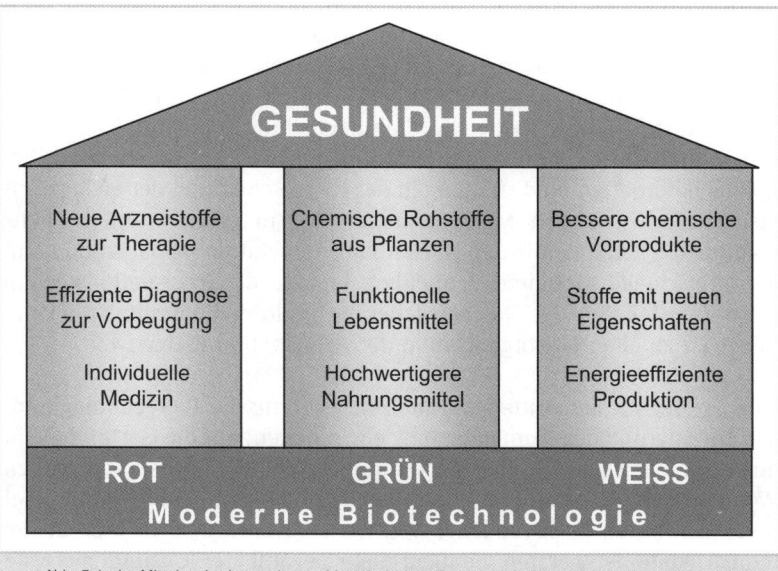

Abb. 5.1: Im Mittelpunkt der modernen biotechnischen Errungenschaften steht die Gesundheit

Das vorangegangene Kapitel hat gezeigt: Ungeachtet der noch zu lösenden Fragen – etwa die Infektionskrankheiten AIDS, Hepatitis, Malaria oder Gebärmutterhalskrebs zu bekämpfen, eine wachsende Weltbevölkerung zu ernähren oder die industrielle Produktion zu mehren, ohne gleichzeitig Raubbau an der Umwelt zu betreiben – sind die Erfolge der Biotechnologie bereits sehr beachtenswert. Biotechnologischer Erkenntnisgewinn ist schon in vielen Bereichen ein Motor für ein Wohlstandswachstum. Für uns Autoren ist es unstrittig, dass die Biotechnologie ein Markt mit hohen prozentualen Zuwachsraten bleiben wird. Der allgemeine Trend Biotechnologie ist keine Frage des »Ob«, sondern allenfalls eine Frage des »Wann«.

5.1 Biotechnologie als sechster Kondratjew-Zyklus?

Sie kennen sicher die langen, etwa fünfzig Jahre dauernden Konjunkturzyklen, die der russische Gelehrte Nikolai Kondratjew beschrieben hat. Demnach liegt der wirtschaftlichen Entwicklung der Industriestaaten in einem solchen Zeitraum jeweils eine für den Wohlstandsanstieg verantwortliche Basisinnovation zugrunde: Es begann Ende des 18. Jahrhunderts mit der Entwicklung der Dampfmaschine und dem Aufschwung der Textilindustrie. Dann folgte die Stahlherstellung, die Entwicklung der Eisenbahnindustrie und damit des Transportwesens. In einem dritten Zyklus beförderten die Erfindungen der chemischen und der elektrotechnischen Industrie den Massenkonsum und in einem vierten Zyklus erlaubte die Petrochemie den Aufschwung des Automobilbaus und damit die individuelle Mobilität. Schließlich brachte die Informationstechnik ein neues Zeitalter der Datenspeicherung und der Kommunikation und führte so zu einer Neuorganisation der Arbeits- und Freizeitwelt.

Nun zu Beginn des dritten Jahrtausends könnte die Biotechnologie mit der Entzifferung des Humangenoms einen neuen, auf die Gesundheitsindustrie abzielenden sechsten Kondratjew-Zyklus angestoßen haben. Wenn sich dies im Laufe der nächsten Jahre bewahrheitete, dann resultierte daraus ein maßgeblicher weltweiter Wohlstandsgewinn. In den Industrienationen geraten die nicht mehr bezahlbaren Gesundheitssysteme ins Wanken; gleichzeitig streben die Schwellenländer nach ähnlichen

Standards und die Entwicklungsländer verlangen nach Gleichbehandlung. Die Biotechnologie scheint, angesichts der technologischen Sprünge in den letzten drei Jahrzehnten, einen großen Teil zur Lösung der Probleme beitragen zu können. Dazu treibt der gesellschaftlich-wirtschaftlich motivierte Ruf nach einer bezahlbaren Gesundheit für alle die Entwicklung vonseiten des limitierten Kapitals an: für alle Investoren eine faszinierende und zukunftsträchtige Symbiose aus neuer Technologie (»technology push«) und Marktsog (»market pull«).

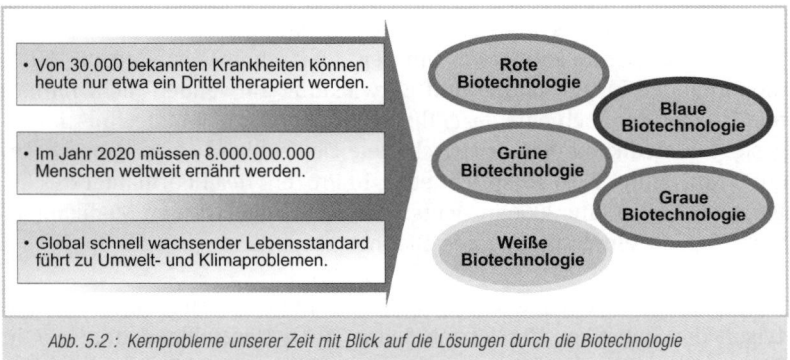

Abb. 5.2 : Kernprobleme unserer Zeit mit Blick auf die Lösungen durch die Biotechnologie

5.2 Biotechnologie-Märkte im Detail

Marktzahlen zur Roten Biotechnologie

Weltweit fließen in den Industrienationen etwa 10 Prozent des Bruttoinlandsproduktes (BIP) in den Gesundheitssektor. In den USA, dem weltweit größten Gesundheitsmarkt, sind es nach OECD-Angaben sogar mehr als 15 Prozent. In Deutschland stieg der Wert von 6 Prozent im Jahr 1970 auf 10,7 Prozent im Jahr 2005. Circa 9 Prozent des auf rund 570 Mrd. USD geschätzten weltweiten Pharmamarktes entfallen auf Medikamente mit biotechnischen Wirkstoffen. Der weltweite Pharmamarkt legte im Jahr 2006 insgesamt um mehr als 7 Prozent zu, in den USA, Asien und Lateinamerika etwas stärker, in Europa etwas schwächer.

Für das Jahr 2006 bezifferte die Unternehmensberatung Ernst & Young den Umsatz von 710 börsennotierten Biotech-Unternehmen auf 73,4 Mrd. USD. Davon flossen mit 27,7 Mrd. USD fast 38 Prozent in die Forschung und Entwicklung. Ein Prozentsatz, der rund dreimal so hoch liegt, wie bei den etablierten Pharmaunternehmen.

Laut dem Bundesverband der Pharmazeutischen Industrie stellten die Pharma- und Biotech-Unternehmen Deutschlands, dem nach den USA und Japan bedeutendsten Gesundheitsmarkt, im Jahr 2005 für 22,7 Mrd. Euro pharmazeutische Erzeugnisse her. Das ist ein Anstieg von fast 10 Prozent im Vorjahresvergleich. In die Forschung flossen fast 4,5 Mrd. Euro. Dieser Betrag kann zwar mit dem vierfachen Wert, den die Automobilbranche für Forschung und Entwicklung aufwendet, nicht mithalten, ist aber dennoch eine beachtliche Summe. Mit 119 biotechnisch hergestellten Medikamenten erwirtschaftete Deutschland einen Umsatz von gut 2 Mrd. Euro. Dies entspricht etwa 10 Prozent des Pharmamarktes. 31 Prozent aller im Jahr 2006 in Deutschland neu zugelassenen Medikamente mit neuen Wirkstoffen waren Biopharmazeutika.

Dass sich die Medikamentenpipelines der Biotech-Unternehmen füllen, zeigen die Statistiken der letzten Jahre. Auch Deutschland holt hier in Europa gegenüber den führenden Nationen England und Schweiz auf. Vor

Region/Land	Status	Phase I	Phase II	Phase III	Summe
Deutschland	börsennotiert	17	16	7	40
England		31	79	37	147
Schweiz		14	21	23	58
Europa		124	195	90	409
Deutschland	privat	21	52	9	82
England		33	30	3	66
Schweiz		14	18	7	39
Europa		145	211	43	399
Quelle: Ernst & Young					

Tab. 5.1: Medikamentenpipelines der Biotech-Unternehmen verschiedener Regionen im Jahr 2006

dem Hintergrund der späten Entwicklung in Europa sind die gegenwärtig vom amerikanischen Verband PhRMA genannten 418 biotechnischen Medikamentenentwicklungen seiner Mitgliedsunternehmen eher an der unteren Grenze aller US-Unternehmen anzusiedeln. Bemerkenswert ist jedoch die Verteilung der Entwicklungen, die deutlich den Schwerpunkt der Forschungsanstrengungen aufzeigt: 210 Kandidaten zielen auf die Krebsbehandlung, 50 auf Infektionserkrankungen, 44 auf Autoimmuner-krankungen, 22 auf AIDS und weitere 22 auf Herzkreislauferkrankungen. Die restlichen 70 verteilen sich auf Gebiete wie Diabetes, genetisch bedingte Krankheiten, Atemwegserkrankungen, Hautbeschwerden, durch das Blut verursachte Erkrankungen, Seh- und Verdauungsstörungen.

Übrigens!

Die Diagnostik ist ein Markt, der im Kommen ist. Bisher werden weltweit nur etwa 3 Prozent der gesamten Gesundheitsausgaben für die Diagnostik verwendet – und das, obwohl rund 60 Prozent aller Entscheidungen im Gesundheitssektor auf einer Diagnose auf-bauen. Der weltweite In-vitro-Diagnostik-Markt, also alle Untersu-chungen außerhalb des menschlichen Körpers, liegt derzeit bei nur etwa 20 Mrd. Euro und entspricht damit etwa den gesamten Ausga-ben für Medikamente in Deutschland. Hier besteht also ein riesiges Wachstumspotenzial, wenn mit vergleichsweise preiswerten Diag-nostik-Kits frühzeitig geeignete Therapien eingeleitet und Folge-kosten durch zu spät begonnene oder falsche Behandlungen ver-mieden werden können.

Marktzahlen zur Grünen Biotechnologie

Die Grüne Biotechnologie hat Auswirkungen auf viele Industriebereiche, die Produkte mit pflanzlichen Inhaltsstoffen herstellen, und ist keines-wegs auf die Landwirtschaft oder den Nahrungsmittelsektor beschränkt. Doch gerade für diese Teilbereiche ist es aufgrund der sehr unterschied-lichen Sichtweisen schwer, verlässliche Zahlen zu liefern. Zu verschieden ist die Akzeptanz dieser Technologie auf beiden Seiten des Atlantiks. Wer sich jedoch die von der Welthungerhilfe veröffentlichten Zahlen namhafter Organisationen vor Augen führt, bekommt dennoch ein Gespür für den Bedarf Grüner Biotechnologie bei der Nahrungsmittelproduktion: Weltweit hungern 852 Millionen Menschen und fast neun Millionen Menschen sterben jährlich daran. Davon sind mehr als die Hälfte Kinder. Allein 30 Mrd. USD betragen die Kosten für die medizinische Behandlung von unterernährten Müttern und Kindern in den Entwicklungsländern.

In den verschiedenen Regionen der Welt besteht somit ein Bedarf nach einer weiteren Steigerung der Ertragskraft wichtiger Nutzpflanzen, um die Ernährung einer stark wachsenden und in großen Teilen unterernährten Weltbevölkerung zu sichern. Umverteilungsszenarien allein greifen hier sicher zu kurz, zumal das logistische Problem bleibt und die Transportkosten aufgrund steigender Energiepreise voraussichtlich auf hohem Niveau verweilen werden. Als eine zusätzliche Herausforderung darf man die Tatsache betrachten, dass die Industrienationen Nahrungspflanzen zunehmend als Energieträger einsetzen und die chemische Industrie gerade erst am Anfang steht, nachwachsende Rohstoffe als alternative Energiequellen zu Öl, Gas und Kohle zu entdecken.

Aufgrund der mangelnden Akzeptanz der Grünen Biotechnologie durch die Verbraucher lässt sich zurzeit eher eine Anlegerfantasie im Bereich der Produktion chemischer Grundstoffe oder Vorprodukte – und langfristig auch bei Pflanzen – als Lieferanten für Medikamente entwickeln. Preiswerte Produktionsverfahren werden im Gesundheitsmarkt der Zukunft voraussichtlich eine wichtige Rolle spielen.

Laut einer Untersuchung des Marktforschungsunternehmens Cropnosis belief sich der weltweite Markt für transgene Pflanzen im Jahr 2006 auf 6,15 Mrd. USD. Dies entspricht etwa einem Sechstel des gesamten Pflanzenschutzmarktes von 38,5 Mrd. USD oder einem Fünftel des Weltmarktes für Saatgut von etwa 30 Mrd. USD. Davon entfielen 44 Prozent auf Soja, 39 Prozent auf Mais, 14 Prozent auf Baumwolle und 3 Prozent auf Raps. Seit dem Jahr 1996 wurden mit Biotech-Saatgut insgesamt 35,5 Mrd. USD umgesetzt, allein im Jahr 2007 betrug der Wert bereits 6,8 Mrd. USD. Die mit dem Einsatz transgener Pflanzen einhergehende Reduktion von Pflanzenschutzmitteln wurde für die Zeit von 1996 bis 2005 auf 225 Millionen Tonnen geschätzt.

Marktzahlen zur Weißen Biotechnologie

Die Unternehmensberatung McKinsey veröffentlichte einen Bericht, nach dem im Jahr 2010 bereits bis zu 20 Prozent aller verkauften chemischen Stoffe mithilfe der Weißen Biotechnologie hergestellt werden sollen. Das entspräche einem Umsatz von 300 Mrd. USD. Im Jahr 2003 waren es nur magere 3, 2007 knapp 6 Prozent. Das Interessante dabei ist, dass der darin enthaltene Wertzuwachs nur zur Hälfte auf Abfallvermeidung, alternative und nachwachsende Rohstoffe sowie Umweltentlastung zurückgeht. Wenngleich das gesamte Reduktionspotenzial für Kohlendioxid-Emissionen durch den Einsatz biotechnischer Verfahren auf weltweit 65 bis 180 Millionen Tonnen pro Jahr geschätzt wird. Die andere Hälfte der Wertschöpfung entsteht durch gänzlich neue, dem Menschen bisher nicht bekannte chemische Stoffe.

So könnten im Jahr 2010 bereits 15 Prozent des auf 600 Mrd. USD geschätzten Marktes aller chemischen Basisstoffe per Biotechnik hergestellt werden. Auch bei den Polymeren könnten es 15 Prozent der insgesamt 50 Mrd. USD und bei Spezialitäten wie den Aminosäuren, den organischen Säuren sowie der Zitronensäure und Enzymen sogar 20 Prozent der insgesamt 110 Mrd. USD sein. Bei den Vorprodukten für die pharmazeutische Herstellung von Wirkstoffen – einem Bereich, der unter den Begriff Feinchemie fällt – ist es bis zum Jahr 2015 sogar möglich, dass gute 60 Prozent des Gesamtumsatzes in Höhe von 100 Mrd. USD mithilfe der Biotechnik produziert werden.

Der politische Wille, nachhaltige Technologien zu fördern, ist weltweit in den letzten zehn Jahren gestiegen. Der Einsatz der Biotechnologie in industriellen Prozessen, die gestern noch eine klassische Domäne chemischer Technologien waren, wird dabei vielerorts als der Weg in eine nachhaltige Zukunft gesehen. Die wissens- und biobasierte Ökonomie (knowledge based bio-economy, KBBE) ist in aller Munde. Die Weiße Biotechnologie hat sich jedenfalls bereits heute in einigen Segmenten eine führende Marktposition erobert, wie der Blick auf die folgenden chemischen Spezialitäten zeigt.

Produktname	Anwendung	Markt (Mio. USD)
Zitronensäure	Konservierung, Reinigung, Entkalkung	2.500
L-Milchsäure[1]	Süßwaren, Reinigungsmittel, Gerberei	300
Vitamin C	Antioxidans, Konservierung, Stärkung der Immunabwehr	500
Vitamin B$_2$ (Riboflavin)[2]	Essenziell für Stoffwechsel, Lebensmittelfarbstoff (E 101), Anti-Migränemittel	200
L-Glutaminsäure[1]	Geschmacksverstärker (E 620), Muskelaufbau	1.300
L-Lysin[1]	Essenzielle Aminosäure, Tierfutterzusatz	1.200
Xanthan	Natürliches Gelier- und Verdickungsmittel (Polymer)	400

[1] Die Bezeichnung L gibt einen Hinweis darauf, dass ein spiegelbildliches Molekül (Stoff) existiert.
[2] Produktion mithilfe biotechnischer Methoden zu über 80 Prozent.

Quelle: Festel Capital 2003

Tab. 5.2: Auswahl chemischer Stoffe, die ganz oder überwiegend mittels Biotechnik hergestellt werden.

5.3 Die zweite Seite der Biotech-Medaille

Wir möchten noch einmal betonen, dass wir für eine ausgewogene Betrachtungsweise sind. Damit also die Bäume angesichts der beeindruckenden Marktzahlen – die im Einzelnen natürlich immer schwer zu fassen sind und erst in den richtigen Kontext gebracht werden müssen – nicht in den Himmel wachsen, wollen wir an dieser Stelle auf die zweite Seite der Biotech-Medaille hinweisen: die Risiken. Erst das Abwägen zwischen Chancen und Risiken erlaubt es dem erfahrenen und vor allem am Ende erfolgreichen Investor, Entscheidungen zu treffen.

Eine Auswahl allgemeiner Branchenrisiken

Abnehmerindustrien

Der Verbraucher kommt nur selten direkt mit Produkten der Biotechnologie in Kontakt. Umso besser muss deshalb das Geschäft von Unternehmen zu Unternehmen funktionieren. Damit es zum Beispiel der Roten Biotech-Industrie gut geht, muss immer auch die Pharmaindustrie wachsen. Daher ist es gut zu wissen, dass der Pharmasektor bereits sehr global agiert.

Akzeptanzprobleme

Es ist schwer vorstellbar, dass eine generelle gesellschaftliche Kritik an einem bestimmten Geschäftsmodell oder an einer Technologie, wie zum Beispiel an der Grünen Pflanzenbiotechnologie in Europa, zu besonders erfolgreichen privaten oder sogar börsennotierten Unternehmen in einer bestimmten Region führt.

Kapitalmarktanreize

Eine gute Mischung unterschiedlicher Biotech-Unternehmen in verschiedenen Entwicklungsstadien wird es in einer Region nur mit entsprechenden Anreizen für die frühen Investoren geben. Deutschland ist hier leider kein Musterschüler. Frankreich oder Großbritannien stehen in diesem Punkt in Europa besser da.

Konkurrenz anderer Branchen

Technische Innovationen anderer Branchen können in Einzelfällen den Erfolg in der Biotechnologie gefährden. So können zum Beispiel neue Errungenschaften in der Medizintechnik, die bestimmte Medikamente vom Markt verdrängen, oder verbesserte chemische Prozesse eine Konkurrenz zur Weißen Biotechnologie sein.

Forschungsausgaben

Es liegt in der Natur der Sache: Forschung und die Durchführung klinischer Studien beinhalten unplanbare Risiken. Bei Fehlschlägen besteht häufig nur die Wahl zwischen Nachfinanzierung oder Insolvenz bzw. zwischen dem langfristigen Aussitzen oder der kurzfristigen Realisation von Verlusten.

Gentechnikgesetze/Ethik

Regional unterschiedliche Gesetze bergen so manchen Stolperstein. Sich als Investor zum Beispiel für embryonale Stammzellforschung in Deutschland zu interessieren, wäre töricht. Ein Wissenschaftler, der sich hier zu weit vorwagt, kann sich schnell mit einem Bein im Gefängnis befinden.

Geopolitische Instabilität

Dieses Risiko wollen wir nur der Vollständigkeit halber erwähnen. Bis heute besteht eine starke Korrelation zwischen der Biotechnologie und den Industrienationen, sodass Enteignungen oder Kriege bei den für einen Investor relevanten Unternehmen zurzeit kaum eine Rolle spielen dürften.

Personal

Der Zugang zu wissenschaftlich-technisch gut ausgebildetem Personal ist ein Muss für Biotech-Unternehmen. Dabei sind Kriterien wie gute Ausbildungsstätten, eine exzellente Forschung, die Flexibilität örtlicher Arbeitnehmer, der Zugang zu ausländischer Exzellenz, international vergleichbare Vergütungssysteme und das nationale Arbeitsrecht zu beachten.

Steuergesetze

Die Basis der Steuergesetze muss stimmen. Junge innovative Unternehmen brauchen Steuererleichterungen in den Anfangsjahren. Schließlich dauert es im positivsten Fall rund zehn Jahre bis zur Markteinführung eines neuen Medikaments.

Hinzu kommen selbstverständlich noch die ganz konkreten Unternehmensrisiken, die einer positiven Entwicklung im Wege stehen können.

Eine Auswahl unternehmerischer Risiken

Abhängigkeit von Partnern

Junge Unternehmen können mit einem kleinen Personalstamm nicht alles leisten und sind auf Kooperationspartner angewiesen, zum Beispiel bei der Produktion von Wirkstoffen. Eine solche Partnerschaft muss deshalb von beiden Seiten gut laufen.

Branchendynamik

Junge Unternehmen sind in starkem Maße von einmal geschlossenen Kooperations- und Lizenzverträgen abhängig. Der Zusammenschluss großer Unternehmen bringt es jedoch häufig mit sich, dass einst hoffnungsvolle Projekte mit jungen Unternehmen, zum Beispiel aus Kapazitätsgründen, aufgekündigt werden.

Finanzierung

Ein wissenschaftlich sehr gut aufgestelltes Unternehmen braucht immer auch eine solide Finanzierung. Hat es dies versäumt, kann ihm schon einmal die finanzielle Puste auf dem langen Weg der Wirkstoffforschung ausgehen.

Kaufmännische Kompetenz

Es ist schon oft vorgekommen, dass geniale Erfinder mangels kaufmännischen Know-hows bei der Umsetzung ihrer Ideen gescheitert sind. Nur wenn im Unternehmen ausreichend kaufmännischer Sachverstand vorhanden ist, kann aus der Forschung auch ein Erfolg für Investoren werden.

Konkurrenztechnologien

Bei der weltweit gegebenen Vielfalt kann eine Konkurrenztechnologie immer einmal schneller am Markt sein. Unternehmer sollten deshalb glaubhaft versichern können, dass sie den Wettbewerb beobachten und einschätzen können, um gegebenenfalls darauf zu reagieren.

Patente

Die Entwicklung des Patenteigentums ist für Biotech-Unternehmen von herausragender Bedeutung. Vor allem bis zur Erteilung eines Patents lohnt es sich, die Unternehmensmeldungen genau zu analysieren. Vor einem Investment sollte ein Anleger auch prüfen, ob ein Unternehmen in Patentstreitigkeiten involviert ist.

Personenausfälle

Vor allem bei recht jungen Unternehmen kann es vorkommen, dass das ganze wissenschaftlich-technische Know-how bei einer Person gebündelt ist. Ein Vorstandsmanager, wenngleich branchenerfahren, ist da manchmal einfacher zu ersetzen als der Erfinder eines Patents.

Produktabhängigkeiten

Was ist, wenn ein junges Biotech-Unternehmen nur eine schwache Pipeline hat und die Entwicklung des am weitesten fortgeschrittenen Medikaments gestoppt oder das einzige Produkt vom Markt genommen werden muss? Dann bleibt nichts anderes, als den Fall des Hoffnungsträgers als mögliches Totalverlustrisiko zu verinnerlichen.

Dies waren die Risiken, die den Chancen der Biotechnologie gegenüberstehen. Alle klugen Hinweise nützen jedoch wenig, wenn Sie es als Investor mit der mangelnden Transparenz von Biotech-Märkten oder von Biotech-Unternehmen zu tun haben. Beherzigen Sie deshalb unseren Rat!

 Unser Tipp!

Für Risiken und Nebenwirkungen bei Biotech-Investments fragen Sie besser nicht den Arzt oder Apotheker. Verlassen Sie sich nur auf geprüfte Kapitalmarktinformationen und Ihren GMV, Ihren gesunden Menschenverstand.

6 Bewertung von Biotech-Aktien

In diesem Kapitel:

→ Historie von Bewertungskennzahlen und deren Berechnung.

→ Herausforderungen bei der Bewertung von Biotech-Aktien.

→ Weiche Faktoren als wichtige Kriterien bei der Bewertung von Biotech-Unternehmen.

→ Biotech-Aktienanalysten als wichtige Informationsquelle.

»Kaufe billig, verkaufe teuer!« Diese allgemeingültige Kaufmannsregel zitieren alte Börsenhasen gerne, wenn sie nach den Geheimnissen der Geldanlage gefragt werden. Der triviale Kern dieses Ausspruchs führt einem einerseits das Wesentliche einer jeden Investitionsentscheidung vor Augen und offenbart andererseits eine gewisse Hilflosigkeit und Scheu, wirklich nützliche und umsetzbare Ratschläge zu erteilen.

Grund dafür ist nicht die mangelnde Auskunftsfreude der Börsenexperten, sondern vielmehr die Komplexität, die sich hinter der Frage nach dem Wert einer Aktie verbirgt. Der Blick auf ein junges, noch weitgehend unbekanntes Biotech-Unternehmen liefert ein gutes Beispiel. Ein komplizierter Forschungsansatz und die Aussicht auf jahrelange Verluste, bevor eventuell ein Medikament gegen eine Krankheit mit unaussprechlichem Namen auf den Markt kommt, lassen die Schwierigkeiten bei der Bewertung erahnen. Allerdings ist das nicht erst seit der Börseneinführung von Genentech, der ersten börsennotierten Biotechnologie-Aktie, so. Dieses Problem tritt bei allen Aktien gleichermaßen auf, unabhängig von der Branche und dem Land, in dem sie notiert sind. Daher sind Anleger, Analysten und professionelle Investoren schon seit Jahrzehnten auf der Suche nach geeigneten Methoden, um ein Unternehmen bzw. seine Aktien zu bewerten.

Zitat:

»Gerade die neuartigen Firmenkonzepte, die schwerer zu beurteilen sind, können die sein, die die Innovationen in die Volkswirtschaft bringen, und damit Wettbewerbsfähigkeit und hochqualifizierte Arbeitsplätze schaffen.«

Prof. Dr. Heinz Riesenhuber, ehemaliger Bundesforschungsminister, 1999

6.1 Die frühen Überlegungen

Eine der ersten Ideen war, den bilanziellen Buchwert und den Aktienkurs gegenüberzustellen. Dazu ermittelte man den Wert aller Vermögensgegenstände, wie zum Beispiel Grundstücke, Maschinen und Bankguthaben, aus der Bilanz des Unternehmens. Anschließend zog man davon die Schulden, die zur Finanzierung aufgenommen wurden, ab. Übrig blieb das Reinvermögen oder der Buchwert des Unternehmens.

Aktiva	In Mio. Euro	Passiva	In Mio. Euro
Immaterielle Vermögensgegenstände (z.B. erworbene Patente, Vermarktungsrechte)	24.034	Eigenkapital (Reinvermögen, Buchwert)	12.851*
Sachanlagen (z.B. Grundstücke, Maschinen)	8.867	Fremdkapital	43.040
Vorräte z.B. Rohstoffe, Fertigerzeugnisse)	6.153		
Forderungen (z.B. gegenüber Kunden)	7.184		
Zahlungsmittel (z.B. Bankguthaben, Schecks)	2.915		
Sonstiges	6.738		
Bilanzsumme	55.891	Bilanzsumme	55.891

* Bei einem Buchwert von 12.851 Mio. Euro und 764.341.920 ausstehenden Aktien ergibt sich ein Buchwert je Aktie von 16,81 Euro (Buchwert geteilt durch Zahl der Aktien ergibt Buchwert je Aktie)

Tab. 6.1: Vereinfachte Konzernbilanz der Bayer AG zum 31.12.2006

Der Buchwert des Unternehmens dividiert durch die Zahl der ausgegebenen Aktien ergibt den Buchwert je Aktie. Die Division des Aktienkurses durch diesen Buchwert hat schließlich das Kurs-Buchwert-Verhältnis zum Ergebnis. In den frühen Tagen der Aktienanalyse galt eine Aktie dann als billig und kaufenswert, wenn der Buchwert der Aktie höher als ihr Kurs an der Börse, oder anders ausgedrückt, das Kurs-Buchwert-Verhältnis kleiner als der Wert Eins war. Doch schon bald wurden die Nachteile dieser Analysemethode offenbar. Aufgrund gesetzlicher Bewertungsvorschriften werden viele Vermögensgegenstände oft deutlich unter dem Verkehrswert bilanziert, was den Buchwert verfälscht. Zudem wird der tatsächliche unternehmerische Erfolg, der sich im Umsatz und im Gewinn widerspiegelt, bei der Buchwertanalyse ebenso wenig berücksichtigt wie innovative Produktideen oder aussichtsreiche Forschungsprojekte. Dieses Beispiel macht deutlich, dass die Buchwertmethode vor allem in Hochtechnologiebranchen wie der Biotechnologie schnell ihre Grenzen hat. Als meist junge Unternehmen haben die Vertreter dieser Branchen in aller Regel kaum Vermögenswerte, die einen nennenswerten Aktienkurs rechtfertigen könnten. Dafür stecken viele von ihnen voller Ideen, die in einigen Jahren zu großem wirtschaftlichem Erfolg etwa in Form neu zugelassener Medikamente führen können. Einige sind sogar schon einen Schritt weiter und haben Produkte am Markt, mit denen sie Gewinne erzielen. Das Kurs-Buchwert-Verhältnis kann diese wirschaftlichen Werte jedoch nicht erfassen. Aus diesem Grund verlor es bald an Bedeutung. Eine neue Kennzahl leistet mehr: das Kurs-Gewinn-Verhältnis.

6.2 Der Blick aufs Wesentliche

Der (Kurs-)Gewinn des Aktiendepots ist für den Anleger eine entscheidende Größe zur Beurteilung seines Erfolges. Ebenso lässt sich der wirtschaftliche Erfolg eines Unternehmens daran messen, wie viel Gewinn es erzielt. Was liegt also näher, als bei der Bewertung eines Unternehmens auf dessen Gewinn zu schauen. Aus dieser Überlegung heraus entstand das Kurs-Gewinn-Verhältnis (KGV). Um es zu ermitteln, dividiert man den vom Unternehmen ausgewiesenen Gewinn, genauer den Jahresüberschuss, durch die Zahl der ausgegebenen Aktien. Obwohl viele Anleger

Aktien mit einem einstelligen KGV als günstig ansehen, während sie Kurs-Gewinn-Verhältnisse jenseits der Marke von 30 für zu hoch halten, kann das KGV als absolute Zahl die Frage nach der Preiswertigkeit einer Aktie noch nicht klären. Denn einen betriebswirtschaftlich begründbaren Grenzwert, bis zu dem ein KGV generell als günstig gelten darf, gibt es nicht. Erst der Vergleich mit anderen, ähnlich aufgestellten Unternehmen oder Konkurrenten aus der gleichen Branche schafft mehr Gewissheit darüber, ob die untersuchte Aktie relativ billig, fair bewertet oder sogar zu teuer ist. Um die Gewinndynamik eines Unternehmens zu berücksichtigen, wird deshalb bei der Ermittlung des Kurs-Gewinn-Verhältnisses häufig auf den geschätzten Gewinn für das laufende oder sogar für das Folgejahr zurückgegriffen.

Exkurs: KGV des Anleihemarktes

Oft zieht man das KGV als Hilfsmittel heran, um die Attraktivität von Aktien gegenüber festverzinslichen Anlagen zu überprüfen. Zu diesem Zweck ermittelt man das »KGV des Anleihemarktes«. Als Pendant zum Aktienkurs dient der Nominalwert der Anleihe, also der Wert 100. Natürlich erwirtschaften festverzinsliche Anlagen keinen Gewinn im unternehmerischen Sinn. Daher benutzt man anstelle des Gewinns die aktuelle Rendite, die ein Anleger am Rentenmarkt erzielen kann. Dieser unsaubere Kompromiss zeigt bereits die Schwachstelle des Vergleichs: Eine (fast) sichere Verzinsung am Anleihemarkt wird mit dem stark schwankenden Gewinn von Unternehmen verglichen. Dennoch wird diese Kennzahl zuweilen dazu genutzt, um eine allgemeine Aussage zu treffen, ob Aktien teuer oder billig sind. Dazu teilt man das durchschnittliche KGV des Aktienmarktes, wie beispielsweise das KGV des DAX-Index, durch das KGV des Anleihemarktes. Ist das Aktien-KGV größer als das Anleihe-KGV und daher das Ergebnis größer als der Wert Eins, dann gelten Aktien allgemein als zu teuer. Bei einer Rendite festverzinslicher Wertpapiere von 5 Prozent, ergibt sich also ein Anleihe-KGV von 20 (100 dividiert durch 5). Notiert der Deutsche Aktienindex DAX bei einem KGV von 22, so gelten Aktien gegenüber festverzinslichen

Anlagen gemäß dieser Kennzahl als teuer. Sinken die Zinsen auf 4 Prozent und steigt so das Anleihe-KGV auf 25 (100 dividiert durch 4), sind Aktien günstiger bewertet als Anleihen und somit kaufenswert. So findet sich in der Anwendung des Anleihe-KGV die alte Börsenweisheit wieder, dass sinkende Zinsen ein guter Nährboden für steigende Aktienkurse sind. Obwohl diese Erkenntnis nicht unmittelbar bei der Bewertung von Biotech-Aktien weiterhilft, kann sie doch einen Hinweis darauf geben, ob sich Aktieninvestments generell gerade lohnen.

Der richtige Vergleich ist schwer

Einige Biotech-Unternehmen können sich bereits zum Kreis der profitabel arbeitenden Unternehmen zählen. Bei diesen Branchenvertretern kann man das KGV durchaus anwenden und es führt auch zu brauchbaren Ergebnissen. Allerdings wird man schnell feststellen, dass kaum eine Biotech-Aktie aufgrund dieser Analyse im Vergleich zu Unternehmen wie der Deutschen Telekom oder BMW günstig bewertet erscheint. Selbst vom Geschäftsmodell her näher stehende Pharmagesellschaften wie Pfizer oder Glaxo Smithkline weisen in aller Regel deutlich niedrigere Kurs-Gewinn-Verhältnisse auf als ihre jungen Verwandten aus der Biotechnologie. Der Grund für dieses Missverhältnis liegt darin, dass profitable Biotech-Unternehmen oft erst vor einigen Jahren die Gewinnschwelle erreicht haben und daher noch recht geringe Gewinne ausweisen. Das Ergebnis kann ein mitunter sehr hohes KGV sein. In den Folgejahren bestehen aber gute Chancen, dass der Gewinn dank der niedrigen Ausgangsbasis kräftig steigt und so das KGV deutlich sinkt.

So sind bei einem günstigen Geschäftsverlauf Gewinnverdopplungen innerhalb von zwölf Monaten in den ersten Jahren nach Erreichen der Gewinnschwelle durchaus nicht selten. Mit jeder Gewinnverdopplung halbiert sich jedoch das KGV und macht die Bewertung der Aktie attraktiver. Pfizer, Bayer oder Novartis werden als etablierte Pharmaunternehmen wohl auch in den nächsten Jahren bei den Gewinnen zulegen können. Doch im Vergleich zu den jungen Biotech-Unternehmen sind bei

Unternehmen	Branche	Kurs/ Buchwert	KGV 2006	KGV 2007e	PEG 2007	KUV 2006
Pfizer	Pharma	2,6	9,7	12,1	negativ	3,8
Bayer	Pharma	2,4	18,3	14,0	0,5	1,1
Novartis	Pharma	3,3	18,8	16,0	0,9	3,6
Amgen	Biotech	4,2	17,5	15,5	1,2	5,5
Cephalon	Biotech	3,3	29,5	19,5	0,4	2,5
Gilead Sciences	Biotech	16,6	25,8	21,3	1,0	10,0

Tab. 6.2: Bewertungskennzahlen von Biotech und Pharma im Vergleich (alle Daten per 31.12.2006)

ihnen kaum mehr als 10 oder 20 Prozent durchschnittliches jährliches Gewinnplus zu erwarten. Ein hohes KGV allein deutet also noch nicht auf eine überbewertete Aktie hin.

Das KGV wird dynamisch

Um Aktien aus Wachstumsbranchen wie der Biotechnologie besser miteinander und mit Unternehmen aus anderen Industrien vergleichen zu können, kamen findige Analysten auf die Idee, das KGV und das erwartete Gewinnwachstum eines Unternehmens zu kombinieren. Das Ergebnis war das sogenannte PEG-Verhältnis (PEG = price-earnings-growth) oder auch das sogenannte dynamische KGV. Dabei dividiert man das Kurs-Gewinn-Verhältnis (price-earnigs-ratio) durch das erwartete prozentuale Gewinnwachstum. Ist das Gewinnwachstum höher als das KGV, so liegt das PEG unter dem Wert Eins und die Aktie gilt als billig. Der mathematisch Interessierte mag über diese Argumentation zu Recht den Kopf schütteln, ist die Konstruktion dieser Kennzahl doch etwas gewagt. Als Daumenregel kann sie trotz der fehlenden wirtschaftswissenschaftlichen Fundierung einen guten und einfach kalkulierbaren Hinweis liefern, ob sich das Gewinnwachstum eines Unternehmens einigermaßen sinnvoll im aktuellen Aktienkurs widergespiegelt. Tatsächlich zeigt sich in der Tabelle, dass sich die Überbewertungen der Biotech-Aktien aus dem Blickwinkel des KGV deutlich relativieren, wenn man auf diese Weise die Gewinndynamik mit in Betracht zieht.

6.3 Wo der Gewinn fehlt, kann der Umsatz helfen

Für viele Biotech-Unternehmen ist die Gewinnschwelle jedoch noch in weiter Ferne, vor allem dann, wenn sie sich als Vertreter der Roten Biotechnologie erst vor einigen Jahren auf den langen Weg zur Entwicklung neuer Wirkstoffe begeben haben. Dennoch verfügen viele von ihnen über sehr aussichtsreiche Produkte. Daher sollte es der risikobewusste Anleger dem sprichwörtlich »frühen Vogel, der den Wurm fängt«, gleichtun und gerade bei diesen Gesellschaften nach potenziellen Kandidaten für sein Depot suchen.

Leider sind die Möglichkeiten für die Bewertung von Biotech-Unternehmen, die noch Verluste schreiben, recht beschränkt. In Anlehnung an das Kurs-Gewinn-Verhältnis errechnet man oft, mangels Gewinn, das Kurs-Umsatz-Verhältnis (KUV). Vergleiche mit dem KUV anderer Branchenvertreter sollen anschließend Gewissheit über die Preiswertigkeit der untersuchten Aktien bringen. Gerade Wirkstoffforscher haben jedoch auf dem Weg zur Entwicklung eines neuen Medikaments weder Gewinne noch nennenswerte Umsätze zu vermelden. Außer einigen Zahlungen von Kooperationspartnern für zwischenzeitlich erreichte wissenschaftliche Ergebnisse, sogenannte Meilensteine, fließen diesen Biotechs selten Mittel in die Kassen, die als Erlöse bezeichnet werden können. Ist das Medikament jedoch einmal zugelassen und am Markt eingeführt, besteht die Aussicht auf sprudelnde Umsatzquellen. Wie bereits erwähnt, tragen viele Biotech-Unternehmen die Kosten für die Produktion und die Vermarktung des Medikaments nicht selbst. Dies übernehmen starke Kooperationspartner wie Pharmagesellschaften. Daher ist die Gewinnschwelle nicht selten kurz nach der Erzielung erster größerer Umsätze erreicht. Das KUV wird dann eher als ergänzendes Werkzeug neben dem KGV bzw. dem PEG benötigt und weniger als zentrales Hilfsmittel für die Unternehmensbewertung.

Alles ist relativ

Alle Kennzahlen, mit deren Hilfe man Unternehmen bewertet, können auch ein Maßstab für den Vergleich mit anderen Gesellschaften sein. So lässt sich zwar nicht feststellen, ob eine Aktie grundsätzlich günstig bewertet ist, wohl aber, ob sie teurer oder billiger als die Aktien der Konkurrenten ist. Je ähnlicher diese Vergleichsunternehmen, die auch als Peer Group bezeichnet werden, dem untersuchten Unternehmen in Größe, Geschäftsfeld, Alter, Forschungsansatz usw. sind, desto stichhaltiger ist das Ergebnis der Analyse. Allerdings sollte die Gruppe mehr als nur ein oder zwei Unternehmen umfassen, da sonst der Vergleich an Aussagekraft verliert. Leider schützt dieser Ansatz nicht vor dem Kauf zu teurer Aktien, wenn die gesamte Branche überbewertet ist.

6.4 Modernes Werkzeug – Diskontierung

In diesem Kapitel darf auch ein recht modernes Werkzeug der Finanzwirtschaft nicht unerwähnt bleiben: die Discounted-Cashflow-Methode (DCF). Eine detaillierte Beschreibung dieser Methode würde den Rahmen dieses Buches sprengen. Daher widmen wir ihr nur einige Zeilen, um einen groben Überblick zu geben.

Der Grundgedanke der DCF-Methode besteht in der Annahme, dass der Wert eines Unternehmens dem Wert aller Netto-Geldeinnahmen (Geldeinnahmen minus Geldausgaben) entspricht, die es im Laufe seiner Existenz verbuchen kann. Der mathematische Trick besteht darin, dass eine Geldeinnahme im Jahr 2007 wertvoller ist als ein gleich hoher Zahlungseingang im Jahr 2020. Schließlich kann Kapital, das früher zur Verfügung steht, noch mehr Zinsen erwirtschaften als später zufließende Gelder. Diesem Umstand wird mit der sogenannten Abzinsung aller zukünftigen Netto-Geldzuflüsse Rechnung getragen. Die Idee dabei ist, dass ein sicherer Geldeingang, der in einem Jahr erfolgt, aktuell genauso viel wert ist wie ein niedrigerer Betrag, der schon heute zur Verfügung steht und für ein Jahr zu einem festen Zinssatz angelegt wird. Je weiter ein Geldeingang also in der Zukunft liegt, desto weniger ist er in der Gegenwart wert und desto weniger stark wird er in den aktuellen Unternehmenswert einfließen. Dieses Modell ist das wissenschaftlich akkurateste und ökonomisch sinnvollste aller bisher vorgestellten. Doch der Teufel steckt wie so oft im Detail: Jede finanzmathematisch noch so komplexe Methode ist nur so gut wie die Daten und Annahmen, die in die Berechnung einfließen.

Schwächen der DCF-Methode

Ein geübter Analyst wird die Zahlungsströme für ein so etabliertes Unternehmen wie den Automobilkonzern BMW mit einer Vielzahl von Produkten am Markt und einer langen Geschäftshistorie, unter Einbeziehung neuer Produktentwicklungen und des konjunkturellen Umfeldes, durchaus brauchbar abschätzen können. Selbst wenn diese Schätzungen vielen Schwankungen unterliegen können und auch ein erfahrener Analyst nie voll ins Schwarze treffen wird, stellt die Methode doch eine relativ solide Datenbasis für die Ermittlung eines aktuellen Unternehmenswertes dar.

Auch bei den etablierten Pharmaunternehmen kann man sich durchaus vorstellen, dass ein solches Vorgehen eine hohe Zielgenauigkeit erreicht. Dies gilt immer dann, wenn eine umfassende Produktpipeline mit etablierten Medikamenten vorliegt und die damit korrespondierenden Patentlaufzeiten bekannt sind. Analogieschlüsse zu anderen Produktlebenszyklen und die Tatsache, dass am Ende der Patentlaufzeit die Generikahersteller schon parat stehen und den Verkaufspreis um mehr als die Hälfte absacken lassen, erlauben detaillierte Abschätzungen zukünftiger Zahlungsströme.

Dies stellt sich bei vielen Biotech-Unternehmen anders dar. Ein forschendes Wirkstoffunternehmen wird zunächst über Jahre hinweg Geld in die Forschung investieren müssen – also sogar Netto-Geldabflüsse ausweisen –, um letztendlich im Erfolgsfall in einigen Jahren hohe Umsätze und hoffentlich große Gewinne einzustreichen. Da nun aber gerade diese Gewinne, die für den heutigen Unternehmenswert entscheidend sind, aufgrund der Unsicherheiten in der Forschung und aufgrund ihrer weiten zeitlichen Entfernung von mehr als zehn Jahren äußerst schwer schätzbar sind, ist die Bewertung der Aktie eines Wirkstoffforschers mithilfe eines solchen Modells eine echte Herausforderung.

Ein zusätzliches Problem stellt die Ermittlung des korrekten Zinssatzes dar, zu dem man abzinst. Häufig werden hierfür Modelle wie das sogenannte Capital-Asset-Pricing-Modell unsauber eingesetzt. So werden statt der zukunftsbezogenen Erwartungswerte bestimmter Variablen (ex ante) – wie es sein sollte – schlichtweg Durchschnittswerte der Vergangenheit (ex post) verwendet und so mehr als fragwürdige Ergebnisse erzielt. Ohne verstehen zu müssen, was sich hinter den genannten Begriffen im Detail verbirgt, sollte jeder Anleger folgenden Tipp beherzigen:

 Unser Tipp!

Lassen Sie sich nicht von komplexen mathematischen Modellen blenden. Sie sind keineswegs ein Garant für ein sinnvolles Analyseergebnis, können jedoch bei korrekter Anwendung EIN Hilfsmittel bei der Bewertung sein.

Übrigens!

Genau diese Unsicherheit in der Methodik trug in den Jahren um die Jahrtausendwende zur Bildung der Blase am Neuen Markt bei. Dort wagten viele junge Unternehmen den Gang an die Börse, die noch weit von der Gewinnschwelle entfernt waren – nicht nur in der Biotechnologie. Analysten, Journalisten und Anleger standen damals gleichermaßen vor der Herausforderung, diesen Unternehmen einen fairen Börsenwert zuzuordnen und ein Urteil über die Kurschancen der Aktien abzugeben. Zuweilen wurden die unsichere Datenlage und die Euphorie über das scheinbar grenzenlose Wachstum der *New Economy* genutzt, um Unternehmen auf Bewertungsniveaus zu treiben, die aus der heutigen, nüchternen Sicht jedweder Beschreibung spotten. Die darauf folgenden, zum Teil dramatischen Kursverluste führten nicht nur zur Einstellung des gesamten Neuen Marktes, sondern sind auch eine Warnung vor einem allzu unkritischen Umgang mit den Methoden der Aktienbewertung.

Unser Tipp!

Vertrauen Sie nicht auf Aktienempfehlungen, die sich ausschließlich auf Kennzahlen wie KGV oder die DCF-Methode stützen und betriebswirtschaftliche Argumente wie Produktpalette, Marktpotenziale oder die Qualität des Managements außer Acht lassen.

6.5 Zwischenfazit: Eine harte, aber knackbare Nuss

Es existiert also keine fehlerlose und verlässliche Methode, um die Aktien der Biotech-Unternehmen, für die die Gewinnschwelle erst in einigen Jahren in Reichweite kommt, zu bewerten. Was also tun, um Licht in die »Black-Box Biotech« zu bringen? Es helfen nur der gesunde Menschenverstand, eine möglichst breite Basis an Informationen und die Bereitschaft, in Szenarien zu denken.

Unser Tipp!

Nutzen Sie die gesamte Klaviatur der Kennzahlen zur Bewertung eines Unternehmens, denn die Aussagen der verschiedenen Kennzahlen können sich zuweilen widersprechen.

Um zumindest eine ungefähre Vorstellung vom Wert eines Biotech-Unternehmens zu erhalten, ist es sinnvoll, einige Jahre in die Zukunft zu blicken und sich die Frage zu stellen, welches Umsatzpotenzial in der Pipeline der untersuchten Gesellschaft schlummern könnte. Angaben hierzu machen vereinzelt die Unternehmen selbst oder man findet sie in Presseartikeln. Auch die von professionellen Aktienanalysten erstellten Studien über Biotech-Unternehmen enthalten viele wertvolle Informationen in konzentrierter Form. Die Suche auf den Internetseiten der Banken oder die Frage nach Research-Material bei Ihrem Bankberater kann sich deshalb lohnen – auch wenn die Banken die Studien ihrer Analysten nicht immer kostenlos zur Verfügung stellen. Tabelle 6.3 zeigt eine Auswahl internationaler Biotech-Analysten. Weitere Biotech-Analysten finden sich u.a. in folgenden Unternehmen: BayernLB, BHF-Bank, Crédit Agricole Cheuvreux, Credit Suisse Securities, Deutsche Bank, Fortis Bank, Helaba Trust, Independent Research, KBC, Lombard Odier, Nomura, Nord/LB, Oppenheim Research, Piper Jaffray, Rodman & Renshaw, Sal.Oppenheim, SG Securities, Viscardi Securities, William Blair & Co u.a.

Mithilfe der gesammelten Informationen kann man nun Aussagen über die zukünftige Geschäftsentwicklung des untersuchten Unternehmens

Bank	Analyst	Coverage u.a.
Bankhaus Metzler	Dr. Karlheinz Scheunemann	MorphoSys, Qiagen
Citigroup Smith Barney	Yaron Weber	Celgene, ImClone, Millenium
DZ Bank	Dr. Patrick Fuchs	Epigenomics, Evotec, MorphoSys, Qiagen
Goldman Sachs	Dr. Stephen McGarry, May-Kin Ho	Gilead, GPC Biotech, MediGene, Millenium
JP Morgan	Geoffrey Meacham	Amgen, Celgene, ImClone
Landesbank Baden-Württemberg	Dr. Hanns Frohnmeyer	Evotec, MediGene, Paion, Wilex
Lehman Brothers	Jim Birchenough, Philippa Gardner, Craig Parker	Epigenomics, Gilead, Millenium, Qiagen
Merrill Lynch	Thomas McGahren, Eric J. Ende	Amgen, Genentech, Genzyme, ImClone
Morgan Stanley Dean Witter	Dr. Daniel Mahoney	Epigenomics, MediGene
UBS Securities	Mage Shenouda	Amgen, Celgene, Genentech
Vontobel Securities	Dr. Markus Metzger	Evotec, MediGene, MorphoSys
WestLB	Daniel Wendorff	Geneart, Jerini, Qiagen

Tab. 6.3: Auswahl deutscher und amerikanischer Aktienanalysten und ihre Coverage (Stand: Sommer 2007)

Unser Tipp!

Fragen Sie bei den Banken der renommierten Biotech-Aktien-analysten nach Studien über Biotech-Unternehmen, um sich ein erstes Bild zu machen.

machen. Wird einem Medikament, das zurzeit in der Phase II der klinischen Prüfung getestet wird, beispielsweise in einigen Jahren ein Umsatzpotenzial von 500 Mio. Euro zugesprochen, so ist dies ein erster wertvoller Hinweis. Vergleiche mit den Angaben anderer Unternehmen, deren Forschung sich auf die gleiche Indikation konzentriert oder die bereits ein Medikament gegen diese Krankheit am Markt haben, können die Verlässlichkeit solcher Angabe erhöhen.

6.6 Der ferne Erfolg

Den heutigen Wert eines Unternehmens kann man zwar nicht direkt auf der Basis dieser Daten ermitteln, man kann jedoch ein Szenario über den möglichen zukünftigen Wert erstellen. Dabei hilft der Vergleich mit Unternehmen, die bereits seit Jahren Umsätze erzielen. Nehmen wir einmal an, das KUV solcher Biotech- und Pharmagesellschaften liegt im laufenden Jahr zwischen drei und fünf. Das untersuchte Biotech-Unternehmen hat also das Potenzial, nach einer erfolgreichen Markteinführung des Medikaments mit einem ähnlichen KUV bewertet zu werden. Das ergäbe einen Unternehmenswert zwischen 1,5 Mrd. Euro (3 x 500 Mio. Euro) und 2,5 Mrd. Euro (5 x 500 Mio. Euro). Dieses Ergebnis der Überschlagsrechnung ist eine – zugegebenermaßen wackelige –, aber zumindest schlüssig hergeleitete Indikation für den zukünftigen Unternehmenswert und hilft bei der Einschätzung, ob die Aktie aktuell teuer oder billig ist.

Im nächsten Schritt gilt es, ein Gefühl dafür zu bekommen, wann ein Medikament bei günstigem Forschungsverlauf an den Markt kommen kann. Im Zweifel sollte man hier nicht blind auf Unternehmensplanungen oder Analystenschätzungen vertrauen. Nur allzu oft verzögern unvorhergesehene Ereignisse den Zeitplan. Auch mit dem in Kapitel 4 skizzierten ungefähren Zeitverlauf einer Medikamentenentwicklung sollte sich der Anleger nicht zufrieden geben, sondern mindestens ein oder zwei Jahre mehr einplanen. Je konservativer die Planung ist, desto solider ist das spätere Fundament des Aktiendepots. Auch wird es seine Zeit brauchen, bis der maximal mögliche Umsatz mit dem neuen Medikament erreicht wird. Geht man von einer Marktzulassung in drei Jahren aus, bedeutet dies, dass das volle Umsatzpotenzial in der Regel erst in sieben oder acht Jahren voll ausgeschöpft werden kann: Je nachdem, ob der eigene Vertrieb gut anläuft oder ob das Unternehmen frühzeitig erfahrene Kooperationspartner für den Vertrieb in der jeweiligen Region gewinnen konnte.

 Unser Tipp!

Analysieren Sie eine Aktie aus verschiedenen Blickwinkeln – wie hier andiskutiert – und verlassen Sie ausgetretene Pfade, um zu einer überlegten Anlageentscheidung zu kommen.

Der heutige Wert des fernen Erfolgs

An diesem Punkt ist die Einschätzung der individuellen Risikobereitschaft und der eigenen Geduld gefordert. Welchen Preis ist ein Anleger bereit, heute für ein Unternehmen zu zahlen, das im günstigsten Fall in sieben oder acht Jahren zwischen 1,5 und 2,5 Mrd. Euro wert ist? Bei der Antwort mag die Überlegung helfen, dass die durchschnittliche Wahrscheinlichkeit für die erfolgreiche Zulassung eines Medikaments, das aktuell Phase II durchläuft, bei ungefähr 33 Prozent liegt. Auch eine höhere Erfolgswahrscheinlichkeit ist möglich. Erfahrene Wissenschaftler, die schon in der Vergangenheit an der Entwicklung und Zulassung ähnlicher Medikamente beteiligt waren, können das Risiko einer Nichtzulassung durchaus senken. Berücksichtigt man das Risiko, dass das Medikament womöglich nicht zugelassen wird, indem man die Wahrscheinlichkeit mit dem möglichen zukünftigen Unternehmenswert multipliziert, bleibt bei der Unternehmensbewertung für den Erwartungswert eine Spannbreite, die zwischen 500 Mio. Euro und 833 Mio. Euro liegt.

Allerdings ist der Faktor Zeit in diesem Ergebnis noch nicht erfasst. Schließlich hat ein Anleger, der heute in die Aktie investiert, erst in sieben oder acht Jahren Aussicht auf einen Unternehmenswert innerhalb der genannten, risikoadjustierten Spanne. Nur wenn die Aktie in diesem Zeitraum eine angemessene Wertsteigerung erzielen kann, lohnt sich ein Investment. Da neben der Nichtzulassung des Medikaments auch noch andere Risiken bei einer Geldanlage in Aktien bestehen, sollte diese erwartete jährliche Verzinsung des Kapitals mindestens fünf Prozentpunkte über der Rendite festverzinslicher Anleihen liegen. Denn sinken im Zuge eines allgemeinen Kursrückgangs an der Börse die KUV-Bewertungen auf den Wert Zwei ab, würde der risikoadjustierte Unternehmenswert auf 333 Mio. Euro (500 Mio. Euro x 2 x 33 Prozent) sinken. Für dieses Risiko muss der Anleger in Form einer höheren Rendite, als sie Anleihen bieten, entschädigt werden.

Im Beispiel nehmen wir eine Mindestverzinsung von 9 Prozent an, die sich aus der Rendite festverzinslicher Anlagen in Höhe von 4 Prozent und einem Aufschlag von 5 Prozent zusammensetzt. Dies bedeutet, dass die Aktie des untersuchten Unternehmens kaufenswert ist, wenn die heutige Marktkapitalisierung unter 250 Mio. Euro liegt. In diesem Fall würde der Unternehmenswert in acht Jahren bei rund 500 Mio. Euro liegen – wenn sich das eingesetzte Kapital tatsächlich mit 9 Prozent pro Jahr verzinst – und so der unteren Grenze der ermittelten Wertspanne von 500 Mio. Euro bis 833 Mio. Euro entsprechen. Liegt der aktuelle Unternehmenswert hingegen bei 420 Mio. Euro, dann würde die obere Bewertungsgrenze von 833 Mio. Euro bei der geforderten Mindestverzinsung innerhalb von acht Jahren durchbrochen. Ein Kauf würde sich in diesem Fall nicht lohnen. Liegt der aktuelle Unternehmenswert zwischen 250 Mio. und 420 Mio. Euro, so müssen das Bauchgefühl und die Risikobereitschaft des Anlegers entscheiden.

Mehr als *nur* 9 Prozent

Den Leser, der bei 9 Prozent erwarteter Rendite enttäuscht das Buch zur Seite legen will, können wir beruhigen. Die besagten 9 Prozent im Beispiel sind nur ein Teil der im Erfolgsfall real zu erwartenden Rendite und spiegeln lediglich die Renditeerwartungen für ein allgemeines Aktieninvestment, ohne die hohen Chancen und Risiken der Biotechnologie, wider. Schließlich wäre das Biotech-Unternehmen laut unserem Beispiel im Erfolgsfall in acht Jahren zwischen 1,5 Mrd. und 2,5 Mrd. Euro wert. Läge der Unternehmenswert aktuell bei 250 Mio. Euro, ließe dies auf eine tatsächliche Gesamtrendite im Depot zwischen 25 Prozent und 33 Prozent pro Jahr hoffen.

Auch den zukünftig erzielbaren Gewinn kann man mithilfe angenommener Gewinnmargen auf den Umsatz schätzen und als Grundlage für einen KGV-Vergleich mit anderen börsennotierten Gesellschaften verwenden. Da hierbei jedoch sehr schnell der Bereich der reinen Spekulation erreicht wird, ist davon eher abzuraten.

6.7 Die Grenze zwischen hart und weich

An dieser Stelle überschreitet die Analyse eines Biotech-Unternehmens die Grenze zwischen den sogenannten harten und weichen Faktoren. Während zu den harten Faktoren quantifizierbare Daten wie Umsatz und Gewinn gehören – auch wenn sie nur geschätzt werden können –, versteht man unter den weichen Faktoren Qualitäten, die nicht messbar und in Zahlen darstellbar sind. Dazu gehören die Kompetenz des Managements und des Forscherteams eines Unternehmens ebenso wie die Patentsituation oder die Sinnigkeit eines Forschungsansatzes. Diese Triebkräfte für den

 Unser Tipp!

Versuchen Sie ein Gespür für die weichen Faktoren zu bekommen, um die Chancen und Risiken eines Biotech-Unternehmens besser einschätzen zu können.

Unternehmenserfolg sind mindestens ebenso wichtig wie die blanken Zahlen und sollten daher bei jeder Analyse berücksichtig werden.

Checkliste weiche Faktoren:

→ Über welche exklusiven Verwertungsrechte, zum Beispiel in Form von Patenten, verfügt das Unternehmen?

→ Welches qualifizierte Personal hat das Unternehmen, um wichtige Wertschöpfungsschritte durchzuführen, zum Beispiel eine klinische Entwicklung voranzutreiben?

→ Zu welchen Vertriebsstrukturen hat das Unternehmen Zugang?

→ Auf welche Kooperationspartner greift das Unternehmen zurück, um seine Kompetenzen zu erweitern?

→ Welche Erfahrungen und welchen Ruf hat das Management?

→ Welchen Umgang pflegt das Unternehmen mit seinen Aktionären im Rahmen der Investor Relations, zum Beispiel im Internet, am Telefon und auf den Hauptversammlungen?

→ Wie gestaltete sich die Finanzierung des Unternehmens vor dem Börsengang?

→ Welchen technischen und kaufmännischen Sachverstand hat das Unternehmen aufgebaut?

→ Wie war und ist das Verhalten des Unternehmens in Krisensituationen, zum Beispiel bei einer Gewinnwarnung?

→ Welches Vergütungssystem hat das Unternehmen? Lässt es die Mitarbeiter am Erfolg teilhaben und stehen die Maßnahmen gleichzeitig in einem nachvollziehbaren Verhältnis zum Alter und zur Profitabilität des Unternehmens?

7 Biotech-Aktienindizes

In diesem Kapitel:

→ Details zur Historie und zum Hintergrund von Börsenindizes.

→ Die gängigsten Branchenindizes in der Biotechnologie.

→ Hintergründe zur führenden Rolle der US-Börsenindizes.

Aktienindizes fassen die Kurse mehrerer Aktien in einer Zahl zusammen. Indem der Anleger die Indexstände verschiedener Tage vergleicht, kann er mit einem Blick die Wertentwicklung dieser Gruppe von Aktien erfassen, ohne von einzelnen Kursausreißern auf eine falsche Fährte gelockt zu werden. So kann er wichtige Kurstrends der gesamten Branche erkennen und die Entwicklung seiner eigenen Biotech-Investments am Gesamtmarkt messen. Schließlich kann es durchaus sein, dass der Anstieg der Biotech-Aktie im eigenen Depot um 20 Prozent auf den ersten Blick erfreulich aussieht. Konnte ein entsprechender Biotech-Aktienindex jedoch im gleichen Zeitraum 50 Prozent zulegen, wirft das Fragen nach den Gründen auf. War die Biotech-Aktie im eigenen Depot etwa grundsätzlich die falsche Wahl oder ist ihre schwächere Kursentwicklung unbegründet und stellt sogar eine gute Gelegenheit zum Nachkauf dar?

Neben bekannten Indizes wie dem Deutschen Aktienindex DAX oder dem amerikanischen Dow Jones Industrial Average existiert eine Vielzahl weiterer Kursbarometer. Auch für einzelne Branchen wie die Biotechnologie geben sie einen hilfreichen Überblick über das Börsengeschehen. Besonders nützlich sind sie als Vergleichsmaßstab für die Performance einer bestimmten Biotech-Aktie oder aber eines Aktienfonds, der auf Biotech-Aktien spezialisiert ist. Da die USA die Keimzelle moderner Biotechnologie-Unternehmen sind und weiterhin eine wichtige Vorreiterrolle auf diesem Gebiet einnehmen, verwundert es nicht, dass sich die beiden international am meisten beachteten Biotech-Aktienindizes auf Unternehmen konzentrieren, die an US-Börsen gehandelt werden: der Amex Biotechnology Index und der Nasdaq Biotechnology Index.

7.1 Der Amex Biotechnology Index

Am 18. Oktober 1991 wurde der erste Kurs des Amex Biotechnology Index mit 200 Punkten festgelegt. Seither errechnet die American Stock Exchange (Amex) börsentäglich fortlaufend seinen Wert. Er basiert auf der Wertentwicklung der Aktien von 20 Unternehmen aus dem Bereich Biotechnologie, die unabhängig von der Unternehmensgröße jeweils mit dem gleichen Gewicht von 5 Prozent in die Indexberechnung einfließen. Die unterschiedliche Performance der einzelnen Aktien führt im Lauf der Zeit zu einer Verschiebung der Gewichtungen. Aus diesem Grund findet einmal in jedem Quartal eine Neubalancierung statt, die wieder für eine gleiche Gewichtung aller im Index enthaltenen Aktien sorgt. Mit »nur« 20 Aktien ist der Amex Biotechnology Index sehr transparent und sehr übersichtlich. Allerdings vermittelt er durch seine sehr einfachen Zusammenstellung kein sehr umfassendes Performance-Bild der Biotechnolgie-Industrie an der Börse, da kleinere Unternehmen den gleichen Einfluss auf die Entwicklung des Index haben wie Branchenschwergewichte.

Name	Tickersymbol	Gewichtung in Prozent
Biogen Idec	BIIB	6,244
Invitrogen	IVGN	5,942
Cephalon	CEPH	5,889
PDL BioPharma	PDLI	5,740
Millipore	MIL	5,534
Amylin Pharmaceuticals	AMLN	5,517
Celgene	CELG	5,188
Genzyme	GENZ	5,110
Gilead Sciences	GILD	5,041
Vertex Pharmaceuticals	VRTX	4,825

Tab. 7.1: Die zehn größten Positionen des Amex Biotechnology Index (Stand: Sommer 2007)

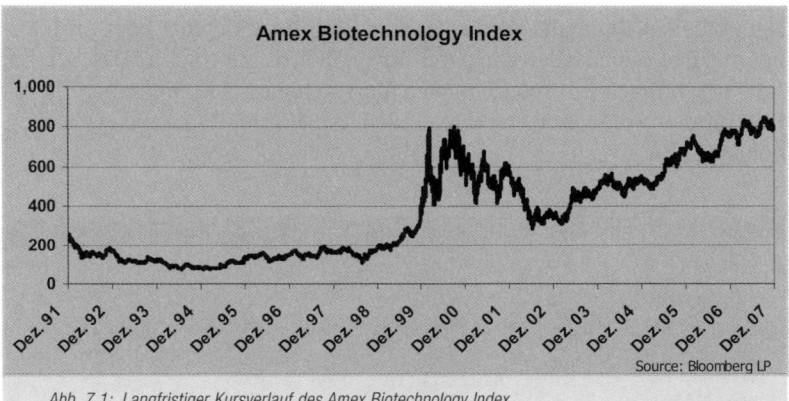

Source: Bloomberg LP

Abb. 7.1: Langfristiger Kursverlauf des Amex Biotechnology Index

7.2 Der Nasdaq Biotechnology Index

Der von der Technologiebörse Nasdaq (National Association of Securities Dealers Automated Quotation) errechnete Nasdaq Biotechnology Index wurde erstmals am 1. November 1993 mit einem ersten Kurs von 200 Punkten ins Leben gerufen. In ihm sind die Aktien von 172 Biotech-Unternehmen vertreten, die – neben anderen zu erfüllenden Kriterien – eine Marktkapitalisierung von mindestens 200 Mio. USD und ein tägliches Handelsvolumen an der Börse von mindestens 100.000 Aktien vorweisen müssen. Im Unterschied zum Amex Biotechnology Index werden diese Unternehmen nicht gleich gewichtet, sondern in Abhängigkeit ihrer Marktkapitalisierung. Der Branchenriese Amgen hat dementsprechend eine sehr hohe Gewichtung. Kleine Unternehmen beeinflussen die Index-Entwicklung hingegen kaum.

Um den tatsächlichen Größenverhältnissen Rechnung zu tragen, ist dieser Ansatz zwar grundsätzlich sinnvoll. Allerdings stehen in der Biotech-Branche einer Vielzahl kleiner und mittlerer Unternehmen sehr wenige Branchenriesen wie Amgen oder Biogen Idec gegenüber. Durch diese ungleiche Verteilung wird der Index oftmals der Vielfältigkeit der Biotechnologie nicht gerecht. Zweimal jährlich findet eine Anpassung der Indexzusammensetzung statt.

Die aktuellen Kurse der beiden Indizes sind im Videotext oder im Internet auf den Seiten aller gängigen Börsendienste zu finden. Das Symbol für Kursabfragen in professionellen Kurssystemen wie Bloomberg lautet BTK für den Amex Biotechnology Index und NBI für den Nasdaq Biotechnology Index.

Name	Tickersymbol	Gewichtung in Prozent
Amgen	AMGN	11,276
Gilead Sciences	GILD	7,063
Celgene	CELG	5,452
Teva Pharmaceutical Ind.	TEVA	4,988
Biogen Idec	BIIB	3,383
Genzyme	GENZ	3,136
Shire	SHPGY	2,078
Vertex Pharmaceuticals	VRTX	2,025
Warner Chilcott	WCRX	1,655
Amylin Pharmaceuticals	AMLN	1,487

Tab.7.2: Die zehn größten Positionen des Nasdaq Biotechnology Index (Stand: Sommer 2007)

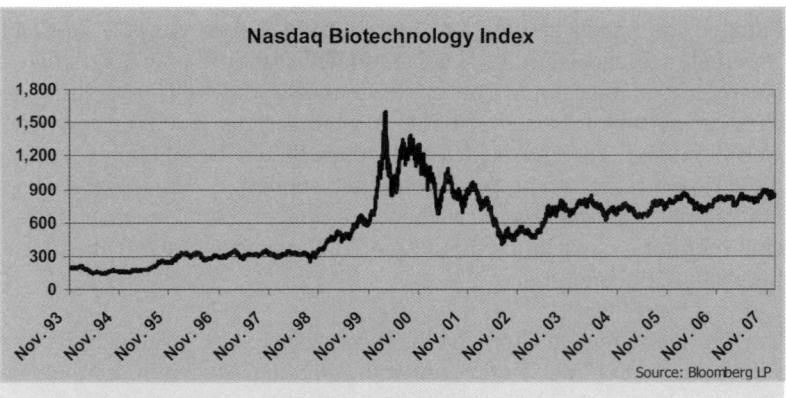

Abb. 7.2: Langfristiger Kursverlauf des Nasdaq Biotechnology Index

7.3 Weitere Biotech-Indizes

Neben den genannten Beispielen existieren noch viele andere Biotech-Indizes. Zu nennen wären hier etwa der Dow Jones Biotechnology Microsector Index, der Dow Jones Stoxx Biotechnology Index oder der MSCI World Biotechnology Index. Speziell für den deutschen Aktienmarkt wurde der Prime IG Biotechnology Performance Index ins Leben gerufen, der die Kursentwicklung der derzeit in Deutschland gelisteten 17 Biotech-Unternehmen erfasst.

Da die verschiedenen Geschäftsmodelle der Biotech-Unternehmen sehr heterogen sind, erfasst ein Index zum Teil sehr unterschiedliche Unternehmen, die nur bedingt vergleichbar sind. Dies trifft umso mehr zu, je kleiner und je jünger der Index ist. Der Biotech-Investor sollte sich daher immer bewusst machen, welche Gesamtheit ein Index widerspiegelt. Im Prime IG Biotechnology des deutschen Aktienmarktes sind sehr unterschiedliche Unternehmen vereint, die zum Teil nur einen Bruchteil ihres Geschäftes mit Biotechnologie erwirtschaften, und das auf sehr unterschiedliche Weise.

Aufgrund ihrer individuellen Unterschiede mag jeder dieser Indizes seine Anhänger unter den professionellen Investoren haben. Der private Anleger sollte sich jedoch auf den Nasdaq Biotechnology Index und/oder den Amex Biotechnology Index konzentrieren, um nicht die Übersicht zu verlieren. Diese beiden führenden Biotech-Indizes reichen völlig aus, um ein Gefühl dafür zu erhalten, ob gerade mit Biotech-Aktien Geld verdient wird oder nicht, da der führende amerikanische Markt sehr gut die globale Stimmung in der Biotechnologie widerspiegelt.

Unser Tipp!

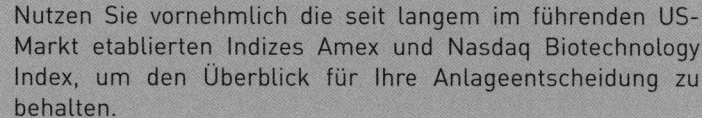

Nutzen Sie vornehmlich die seit langem im führenden US-Markt etablierten Indizes Amex und Nasdaq Biotechnology Index, um den Überblick für Ihre Anlageentscheidung zu behalten.

8 Investitionsalternativen in der Biotechnologie

In diesem Kapitel:

→ Übersicht über die Anlageformen in der Biotechnologie.

→ Von vorbörslichen Einzelinvestments bis zu breit angelegten Fonds.

→ Kriterien für die Auswahl des passenden Biotech-Investments.

→ Diversifikation als Muss zur Reduzierung der Risiken.

Ein perfektes Finanzprodukt, das die Bedürfnisse aller Anleger gleichermaßen erfüllt, gibt es nicht. Die Erwartungen der einzelnen Investoren an die Eigenschaften eines Anlageproduktes in Punkto Laufzeit, Risiko oder Anlageuniversum und anderer Kriterien sind zu unterschiedlich. Diese Erfahrung machen leider auch die an der Biotechnologie interessierten Anleger. Um der Vielfalt der Anlegerwünsche Rechnung zu tragen, wurde deshalb im Laufe der Zeit eine Fülle verschiedener Produkte entwickelt, die eine Partizipation am Potenzial dieser Zukunftsbranche ermöglichen. Jede Investmentform hat individuelle Eigenschaften, die sich mit den Bedürfnissen des einen Anlegers decken mögen, für den anderen jedoch völlig unpassend sind.

Produkt	Kosten*	Diversi-fikation	Chance	Arbeits-aufwand für den Anleger	Besonder-heit	Liquidität
Fonds	hoch	hoch	mittel	gering	Qualität des Fonds-managers sehr wichtig	hoch/ täglich ein Kurs
ETF	mittel	hoch	mittel	gering	oft index-orientiert	hoch/ laufender Handel
Index-zertifikate	gering	hoch	mittel	gering	Bonitätsrisiko der Bank	hoch/ laufender Handel
Baskets / Beteili-gungsge-sellschaften	mittel	mittel	mittel	mittel	Bonitätsrisiko der Bank	hoch/ laufender Handel
Diskont-zertifikate	gering	je nach Basis-wert	begrenzt	mittel	Investment mit Risikopuffer	hoch/ laufender Handel
Hebel-zertifikate	gering	hoch	sehr hoch	hoch	extrem hohes Risiko!!!	hoch/ laufender Handel
Options-scheine	gering	gering	sehr hoch	hoch	extrem hohes Risiko!!!	hoch/ laufender Handel
Börsen-notierte Einzelwerte	gering	gering	hoch	hoch	ständige Überwachung notwendig	sehr unter-schiedlich/ laufender Handel
Private Equity	sehr hoch	niedrig	sehr hoch	sehr hoch	in der Regel sehr hohe Anlagesum-men notwenig	sehr gering/ kein echter Marktpreis

* Transaktionskosten und Managementgebühren

Tab. 8.1: Übersicht über Investitionsformen in die Biotechnologie

8.1 Fonds – Diversifikation für kleines Geld

Zu den bekanntesten Finanzprodukten gehören Aktienfonds. Sie bieten auch dem Anleger mit kleinem Geldbeutel die Chance, breit diversifiziert am Aktienmarkt zu investieren. Gerade die hohen Einzelrisiken in der Biotechnologie machen Fonds in dieser Hinsicht attraktiv. Zudem muss sich der Investor nicht um die Auswahl und die Kontrolle der einzelnen Unternehmen im Fonds kümmern. Dies übernimmt der Fondsmanager, der dafür im Gegenzug eine jährliche Managementgebühr erhält. Zusätzlich wird beim Erwerb der Fondsanteile ein Ausgabeaufschlag fällig, dessen Höhe vom gewählten Fonds und von den Konditionen der Hausbank des Anlegers abhängt. Natürlich ist für einen nachhaltigen Erfolg des Investments das Können des Fondsmanagers entscheidend. Da der Fonds in eine Vielzahl von Unternehmen investiert, ist die Chance, dass sich die Kurse der Fondsanteile innerhalb weniger Jahre vervielfachen eher die Ausnahme. Allerdings ist auch das Risiko eines Totalausfalls sehr gering. Bei der Auswahl des besten Fonds sollten Sie sich allerdings nicht nur auf Ihren persönlichen Berater bei Ihrer Bank verlassen, denn leider ist es immer noch vielerorts üblich, den Kunden nur die konzerneigenen Produkte anzubieten.

 Unser Tipp!

Fokussieren Sie sich bei der Auswahl von Biotech-Fonds nicht nur auf das Angebot Ihrer Hausbank, sondern ziehen Sie die gesamte Bandbreite des Angebotes in Erwägung.

Die richtige Fondswahl

Auf der Suche nach dem richtigen Fonds können Ratingagenturen, wie beispielsweise S&P oder Morningstar, helfen. Diese bieten eine Fülle von Informationen an. Allerdings beschränken sie sich bei der Beurteilung der Fonds häufig auf den Vergleich von Rendite und Risiko in der Vergangenheit. Obwohl der Blick auf die vergangene Wertentwicklung nur ein Kriterium bei der Suche nach dem geeigneten Fonds sein darf, kommt diesem Aspekt dennoch eine wichtige Rolle zu. Auf zwei Dinge sollten Sie beim Performancevergleich besonders achten:

1. Die Wertentwicklung des Fonds sollte stetig sein. Eine einzelne gute Jahresperformance macht noch keinen Star-Fonds. Ist es dem Fondsmanager jedoch gelungen, über Jahre hinweg gute Ergebnisse zu liefern, besteht eine begründete Wahrscheinlichkeit, dass sich dies auch in der Zukunft wiederholen kann, vor allem wenn es sich um eine Branche wie die Biotechnologie handelt, bei der sich aufgrund der Chancen-Risiken-Verteilung bei einzelnen Unternehmen Erfahrung und ständige Marktbeobachtung auszahlen.

2. Achten Sie auf die Angaben zum Risiko des Fonds. Es wird oft in Form der Volatilität angegeben. Diese beschreibt, wie stark die Rendite des Fonds in der Vergangenheit geschwankt hat. Je höher die Volatilität ist, desto größer ist das Risiko des Fonds. Ein Fonds, der zwar die bessere Rendite vorweisen kann, diese jedoch bei einem deutlich höheren Risiko erzielt hat, ist also nicht unbedingt besser als sein Konkurrent, der bei geringeren Schwankungen eine etwas schwächere Performance aufweist. Je nach Wunsch kann so der risikofreudigere Biotech-Investor, der mehr Wert auf hohe Renditen legt, den schwankungsfreudigen Fonds wählen, während der sicherheitsbewusste Anleger, der stärker auf ein niedrigeres Risiko seiner Biotech-Geldanlage achtet, zum schwankungsarmen Produkt greifen kann.

Ein zu den eigenen Anlagezielen passender Investmentansatz, wie ihn das Marketingmaterial der Fondsgesellschaften erläutert, sollte ebenfalls in die Entscheidungsfindung einfließen. Investiert ein Fonds zum Beispiel überwiegend in Dienstleistungsunternehmen und Zulieferer der Biotech-Branche, ist ein Investor, der unmittelbar vom Potenzial neuer Wirkstoffe profitieren möchte, mit dem Kauf dieser Anteile nicht optimal beraten.

Fondsanteile können börsentäglich zum offiziellen Rücknahmekurs (Nettoinventarwert) verkauft werden. Dieser Kurs wird von der Kapitalanlagegesellschaft veröffentlicht und entspricht exakt dem anteiligen Marktwert des Fondsportfolios.

Breites Angebot an Produkten

Wie viele andere Branchen, die zur Hochtechnologie (High-Tech) zählen, erlebte auch die Biotechnologie in den Jahren 2000 und 2001 einen wahren Boom an neuen Fonds, um der großen Nachfrage nachzukommen. Leider wuchs die Zahl der erfahrenen und gut ausgebildeten Fondsmanager nicht in gleichem Maße mit. In der Folge standen viele junge Fonds, denen es mitunter am notwendigen fachlichen Unterbau mangelte, wenigen ausgereiften Fonds gegenüber. Einige dieser Neulinge konnten in den vergangenen Jahren wertvolle Erfahrungen sammeln und zu den etablierten Fonds aufschließen; andere blieben zurück. Nicht nur deshalb zeigt sich noch heute ein sehr gemischtes Bild bei der Wertentwicklung der verschiedenen Biotech-Fonds. Auch die oft sehr verschiedenen Investmentansätze der Fondsmanager sorgen für große Unterschiede. Während sich die einen bei der Aktienauswahl auf die großen Unternehmen der Branche konzentrieren, setzen die anderen auf noch unentdeckte Stars von morgen, die zum Teil noch nicht einmal das Licht der Börsenwelt erblickt haben. Dies macht die Auswahl eines geeigneten Fonds nicht gerade einfach.

Der PF(LUX)-Biotech-P Cap* von der Fondsgesellschaft Pictet zum Beispiel ist in vielerlei Hinsicht ein extremer Vertreter. Bereits im Jahr 1995 aufgelegt zählt dieser Fonds zu den Urgesteinen seiner Zunft. Gleichzeitig ist er ein schönes Beispiel für ein gut durchdachtes Fondskonzept mit einem kompetenten Management. So ist Fondsberater Michael Sjöström ein bei seinen Kollegen und beim Fachpublikum anerkannter Experte, wenn es darum geht Biotech-Portfolios schlüssig zusammenzustellen. Das zeigt sich auch bei Vergleichen seines Fonds mit der Konkurrenz: Der PF(LUX)-Biotech-P Cap ist stets unter den besten Performern der Branche zu finden. Auch durch sein Volumen von mehr als 2 Mrd. Euro stellt er seine Konkurrenten in den Schatten. Doch dieser Größe muss Tribut gezollt werden. Solche gewaltigen Summen kann man nicht in nennenswertem Umfang in kleinere Unternehmen investieren, ohne die Kurse der betroffenen Aktien in die Höhe zu treiben und so den eigenen Einstieg zu verteuern. Daher finden sich im PF(LUX)-Biotech-P Cap hauptsächlich größere Biotech-Titel wie Amgen oder Gilead. Umso bemerkenswerter ist es, dass sich der Fonds bei der Wertentwicklung keineswegs hinter den kleineren und damit flexibleren Kollegen verstecken muss.

In Punkto Fondsvolumen stellt der UniSector:GenTech mit gerade einmal 14 Mio. Euro zwar nicht ganz das andere Extrem zum PF(LUX)-Biotech-P Cap dar – da sich noch kleinere Biotech-Fonds am Markt befinden –, dennoch liegen Welten zwischen den beiden Fonds. Das vergleichsweise geringe Volumen des UniSector:GenTech ermöglicht es dem Fondsmanager Dr. Markus Manns, auch aus den kleinen Biotech-Werten die Besten herauszufiltern. In den letzten Jahren ist dies gut gelungen. Doch Vorsicht bei allzu kleinen Fonds: Hier können die Fixkosten für die Verwaltungsaufgaben die Wertentwicklung merklich drücken.

Wie Tabelle 8.2 zeigt, lassen sich auch noch andere Fonds finden, die in den vergangenen Jahren sehr gut abgeschnitten haben, wie zum Beispiel der ESPA Stock Biotec T oder der SEB Concept Biotechnology.

Der Blick zurück kann trügen

Die hier vorgestellten positiven Beispiele aus der Vergangenheit dürfen keinesfalls als Kaufempfehlungen verstanden werden, die blindlings zu befolgen sind, denn es gilt: Historische Renditen sind keine Garantie für zukünftige Wertentwicklungen. Diesen so oder in ähnlicher Weise formulierten Hinweis verwenden Fondsgesellschaften gern in ihren Publikationen, um darauf hinzuweisen, dass ein Fonds und sein Management sich immer wieder aufs Neue beweisen müssen. So kann ein »Überflieger« der letzten Jahre durchaus auch einmal abstürzen oder ein »Tiefflieger« durch harte Arbeit – oder vielleicht auch nur ein etwas glücklicheres Händchen – an Höhe gewinnen. Dennoch sprechen langjährig gute Ergebnisse – die Profis sprechen hier auch gern vom sogenannten *track record* – und ein stabiles, fachlich kompetentes Managementteam für gute Zukunftsaussichten. Doch auch hinter innovativen neuen Konzepten kann sich viel Potenzial verbergen.

Neben einem Direktinvestment in Aktien und die damit verbundene Qual der Wahl bei der Auswahl der Aktien eignen sich Fonds somit auch für die regelmäßige Geldanlage.

Fonds	ISIN	Auflage-datum	Fonds-volumen in Mio. Euro	Rücknahme-preis per 31.12.07 in Euro	Wertentwick-lung 2007 in Prozent	Wertent-wicklung (3 Jahre)
SEB Concept Biotechnology	LU0118405827	16.10.00	17,4	29,07	6,4	57,9
ESPA Stock Biotec T	AT0000746755	17.04.00	40,2	112,13	0,3	41,2
Pictet Biotech HP Cap EUR	LU0190161025	01.07.04	2.229,0	260,82	14,6	38,7
PF (LUX)-Biotech-P Cap	LU0090689299	03.11.95	2.229,0	336,64*	4,1	36,1
UniSector:GenTech	LU0125232032	02.04.01	14,0	42,33	-15,0	26,3
Nordea Biotech BP USD	LU0109905058	17.04.00	71,0	11,45*	-5,0	19,5
Cominvest Biotech P	LU0111364948	22.05.00	13,8	23,07	7,0	18,6
OP Topic Biotechnology	LU0115048760	02.11.00	4,8	21,88	-0,8	17,4
Dexia Eq. L Biotechnology C	LU0108459040	06.04.00	69,1	119,16*	-11,3	17,2
DekaTeam-BioTech CF	IE0009470000	01.08.00	75,7	20,66	-6,8	13,7
Fortis E Biotechnology World	LU0086351706	01.04.98	111,2	410,16	-7,8	10,6
Allianz-dit-Biotechnologie	DE0008481862	09.01.98	303,5	48,63	0,5	10,2
Swiss Life Eq. Biomedical C	LU0126497543	02.04.01	53,34	85,44	-13,0	9,2
Lacuna APO BioTech Typ A	LU0095994793	01.04.99	53,2	164,99	-17,1	2,1
FCP OP Medical BioHealth Trend	LU0119891520	30.10.00	110,2	101,83	-13,3	1,8
CS EF (Lux) Global Biotech B	LU0111979901	03.07.00	58,5	72,99*	-10,6	1,7
UBS (Lux) E.F. Biotech B	LU0069152568	15.10.96	324,0	156,30*	-6,5	-0,3
Franklin Biotech Disc. A	LU0109394709	03.04.00	69,3	8,56*	-11,5	-2,3
Oyster Oncology EUR	LU0107981325	16.06.00	23,3	101,27	-2,4	-3,5
DWS Biotech Aktien Typ O	DE0009769976	16.08.99	235,0	48,41	-3,5	-6,2

* Kurs in USD

(In der Tabelle taucht neben dem »Original« PF (LUX)-Biotech-P Cap auch sein im Jahr 2004 in Euro aufgelegtes und daher für deutsche Investoren leichter zugängliches Pendant Pictet Biotech HP Cap EUR auf.)

Tab. 8.2: Auswahl von Biotech-Fonds und ihre Wertentwicklung

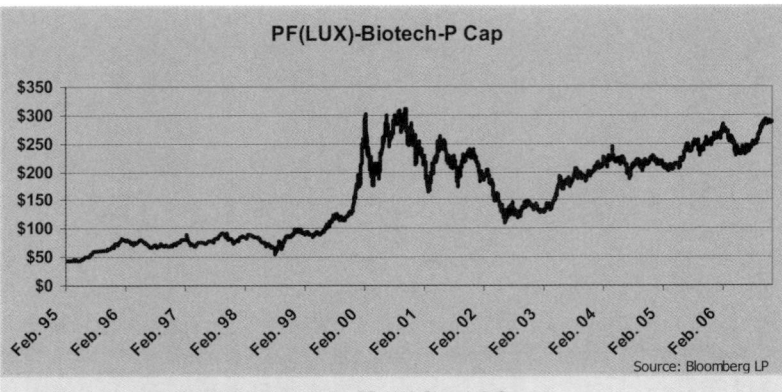

Abb. 8.1: Langfristige Wertentwicklung des PF (LUX)-Biotech-P Cap

❗ Unser Tipp!

Viele Banken, vor allem Direktbanken, bieten inzwischen auch verschiedene Biotech-Fonds an, die als Sparpläne mit monatlichen Einzahlungsbeträgen ab 25 Euro eine langfristige Bereicherung Ihres Portfolios darstellen können.

Exchange Traded Funds – börsennotierte Risikostreuung

Ein *Exchange Traded Fund* (ETF) ähnelt einer börsennotierten Beteiligungsgesellschaft. Im Unterschied zu einem Fonds kann ein ETF daher frei an der Börse ge- und verkauft werden. Beachtet werden muss hierbei jedoch, dass der Preis des ETF nicht durch den Nettoinventarwert wie beim Fonds bestimmt wird, sondern durch das freie Spiel von Angebot und Nachfrage àm Aktienmarkt. Es ist also durchaus möglich, dass der Kurs des ETF vom theoretischen Preis, also dem Nettoinventarwert des ETF, abweicht. Viele ETF orientieren sich bei der Auswahl ihrer Invest-

ISIN	Name	Referenzindex	Kurs zum 31.12.07
US4642875565	iShares Nasdaq Biotechnology	Nasdaq Biotechnology Index	81,18 USD
US73935X8561	PowerShares Dynamic Biotech & Genome	Dynamic Biotechnology & Genome Intellidex(SM) Index	18,73 USD
US-Symbol XBI	SPDR S&P Biotech	S&P Biotechnology Select Industry Index	59,36 USD

Tab. 8.3: Exchange Traded Funds mit dem Fokus auf Biotechnologie

ments sehr eng an Aktienindizes. Da dies weniger aufwendig ist als eine gezielte Auswahl von Einzeltiteln, weisen ETF in der Regel geringere Gebühren auf als Fonds. Leider ist die Auswahl an Produkten sehr begrenzt.

8.2 Zertifikate – flexibel und vielseitig

In den vergangenen Jahren gewannen Zertifikate auf dem Markt für Geldanlageprodukte immer stärker an Bedeutung. Viele Investoren ziehen sie aufgrund ihrer Vorteile den »althergebrachten« Anlageformen wie etwa den Fonds vor. So entfällt bei den meisten Zertifikaten die bei Fonds übliche Managementgebühr. Zudem können die Anleger unter vielen, zum Teil sehr unterschiedlichen Ausgestaltungsformen wählen. Im Vergleich zu Aktienfonds sind sie außerdem aufgrund der üblicherweise erfolgenden Börsennotiz leichter handelbar.

Allerdings wird dabei oft übersehen, dass Zertifikate auch Nachteile bergen. Sie stellen rechtlich gesehen Schuldverschreibungen der emittierenden Bank dar. Das bedeutet, dass der Anleger, der ein Zertifikat erwirbt, Gläubiger der Bank wird. Sein Anlageerfolg hängt also nicht nur von der Entwicklung des Basiswertes ab, der dem Zertifikat zugrunde liegt, sondern auch von der Bonität der Emissionsbank. Dies mag in den allermeisten Fällen kein substanzielles Risiko darstellen. Der Anleger sollte sich jedoch dieses Unterschiedes, gerade vor dem Hintergrund der aktuellen vielzitierten Subprime-Krise oder des Skandals um die Société Générale, bei seinem Investment bewusst sein.

Breite Auswahl an Zertifikaten

Indexzertifikate stellen eine beliebte Variante dar. Ihr Wert richtet sich exakt nach dem Verlauf eines zugrunde liegenden Index wie zum Beispiel des Nasdaq-Biotech-Index. Ohne viel Aufwand ermöglichen es Indexzertifikate daher dem Anleger, breit diversifiziert an der Entwicklung der Biotech-Branche zu partizipieren.

Basketzertifikate haben hingegen einen engeren Fokus. Sie repräsentieren den Wert eines Portfolios aus börsennotierten Unternehmen. Die Emissionsbank kann diesen sogenannten Aktienkorb üblicherweise zu bestimmten Zeitpunkten anpassen. Dies kann je nach Zertifikat von einer einfachen Rebalancierung der Gewichtungen der einzelnen Aktienpositionen bis zu einer völligen Umgestaltung mit Aktien neuer Unternehmen reichen. Für diese Dienstleistung erhält die Emissionsbank eine Managementgebühr, weshalb Basketzertifikate oft mehr kosten als Indexzertifikate. Aufgrund der aktiven Auswahl der Titel bieten sie jedoch auch die Chance auf eine bessere Wertentwicklung.

Diskontzertifikate bieten Anlegern, die wert auf einen gewissen Risikopuffer bei ihren Investments legen, die richtige Alternative. Bei einem Diskontzertifikat auf Amgen beispielsweise kauft der Investor das Zertifikat nicht zum aktuellen Preis der Amgen-Aktie, sondern erhält einen Abschlag, einen Diskont, auf den Amgen-Kurs. Im Gegenzug ist der Rückzahlungsbetrag auf einen maximalen Wert begrenzt. Steigt die Aktie über diese Grenze, partizipiert das Zertifikat nicht mehr von dieser zusätzlichen Performance. Es zeigt sich wieder einmal, dass unbegrenztes Anlegerglück nicht zu erkaufen ist. Das Risiko – oder das Entgegenkommen –, das die Bank auf der einen Seite übernimmt, möchte sie natürlich auf der anderen Seite ersetzt bekommen.

Hebelzertifikate wählen sehr risikofreudige Investoren. Diese komplexen Produkte simulieren eine zum Teil durch Kredite finanzierte Investition

ISIN	Emittent	Typ	Basiswert	Laufzeit	Bezugs-verhältnis	Kurs per 31.12.06	Währungs-gesichert?	Maximale Auszahlung
NL0000194397	ABN Amro	Indexzertifikat	Nasdaq Bio-technology Index	open end	10 zu 1	60,33 Euro	nein	-
NL0000194439	ABN Amro	Indexzertifikat	Nasdaq Bio-technology Index	open end	10 zu 1	75,63 Euro	ja	-
CH0013812984	UBS	Indexzertifikat	Amex Biotech-nology Index	open end	10 zu 1	54,82 Euro	nein	-
DE000A0AB883	ABN Amro	Indexzertifikat	Amex Biotech-nology Index	open end	10 zu 1	71,90 Euro	ja	-
NL0000734465	ABN Amro	Diskontzertifikat	Amex Biotech-nology Index	19.12. 2008	10 zu 1	47,79 Euro	nein	75 USD
DE000SCL4N67	Sal. Opp.	Diskontzertifikat	Amgen	16.12. 2008	1 zu 1	41,10 Euro	nein	80 USD
DE000DB0JPZ9	Dt. Bank	Diskontzertifikat	Gilead Sciences	17.12. 2008	1 zu 1	42,94 Euro	nein	76 USD
DE000DB0JPB0	Dt. Bank	Diskontzertifikat	Biogen Idec	17.12. 2008	1 zu 1	30,40 Euro	nein	55 USD
DE000DB0JPY2	Dt. Bank	Diskontzertifikat	Genzyme Corp	17.12. 2008	1 zu 1	42,67 Euro	nein	75 USD

Tab. 8.4 : Auswahl von Biotechnologie-Zertifikaten

in den zugrunde liegenden Basiswert. Dies eröffnet natürlich enorme Kurschancen, allerdings zum Preis des extrem hohen Risikos eines Totalverlusts. Für eine nachhaltige Investition in die Biotechnologie sind Hebelzertifikate kaum geeignet. Unter bestimmten Voraussetzungen kann man sie jedoch für Kurssicherungsstrategien nutzen.

Diese Ausführungen zu den Hebelzertifikaten gelten auch für *Optionsscheine*. Der strategische Biotech-Investor, der in der Biotechnologie auch langfristige Chancen sieht, sollte auf Alternativen zurückgreifen.

! Unser Tipp!

Lassen Sie sich durch extreme Renditechancen nicht verleiten. Die große Zahl der Biotech-Aktien bietet eine mehr als ausreichende Chancen-Risiken-Vielfalt. Zusätzliche Steigerungen des Hebels und damit des Risikos über Zertifikate oder Optionsscheine können ein Depot auch schnell einmal »aushebeln«.

8.3 Börsennotierte Einzelwerte – Investieren hart am Wind

Der Kauf einer Biotech-Aktie an der Börse stellt eine der unmittelbarsten Formen des Biotech-Investments dar. Dabei besteht sowohl die Chance, sich eine nächste Amgen – wir erinnern uns, die Aktie legte seit ihrem Börsengang im Jahr 1983 fast das 200-fache zu – ins Depot zu legen, als auch das Risiko, einen Insolvenzkandidaten zu erwischen. Daher ist es sinnvoll, sich ein Portfolio mit mehreren aussichtsreichen Biotech-Kandidaten zusammenzustellen. Dieser Investmentansatz verlangt allerdings nach ständiger Beobachtung: Wurden die Gewinnerwartungen der Analysten erfüllt? Sind die publizierten Ergebnisse der klinischen Phase-III-Studie des Krebsmedikaments erwartungsgemäß? Ist der Aufbau einer Medikamentenpipeline erkennbar? Verfügt das Unternehmen noch über genügend liquide Mittel zur Finanzierung der Forschung? Entwickeln andere Unternehmen Konkurrenzprodukte mit größerem Erfolgspotenzial? Ist der

Aufwärtstrend im Chart noch intakt? Mit all diesen Fragen muss sich der Anleger wohl oder übel auseinandersetzen, wenn er diesen aufwendigen Weg beschreitet. Am Ende könnte es aber auch der lukrativste sein.

Unser Tipp!

Achten Sie bei der Investition unbedingt auf Diversifikation. Wenn es sich dabei nicht bloß um eine geringe prozentuale Ergänzung im sonst konservativen Depot handelt, ist Diversifikation in der Biotech-Aktienanlage ein Muss.

8.4 Private Equity – Anlage mit Pioniercharakter

Für die hartgesottenen Biotech-Profis und solche, die es werden wollen, stellt ein vorbörsliches Investment sicher eine chancenreiche Opportunität dar. Einzelne Unternehmen bieten zuweilen einer ausgewählten Anlegerschaft im Rahmen einer Privatplatzierung Aktien oder andere Wertpapiere an, um den weiteren Geschäftsaufbau zu finanzieren. Dies kann der Überbrückung der letzten Monate oder Jahre bis zum Börsengang dienen oder auch, in einem sehr frühen Stadium, den Aufbau des Unternehmens ermöglichen. Als Seed-Finanzierungen dienen solche Investments dazu, die Saat des Unternehmens zu bereiten. Häufig geschieht das im Rahmen eines Friends-and-Family-Programms. Aufgrund des damit verbundenen Risikos prägte man im Angelsächsischen das Bonmot der vier F: In junge Unternehmen investieren nur Friends (Freunde), Family (Familienangehörige), Founders (die Gründer selbst) und Fools (Verrückte). Aufgrund dieser Konstellation wird oft nur ein enger Kreis von Investoren angesprochen. Vorsicht ist hier allerdings hinsichtlich der vertraglichen Gestaltung angebracht. Dabei werden oft Vereinbarungen getroffen, die das Aktionärsverhalten bündeln. Das sichert zwar dem Unternehmen die Handlungsfähigkeit, schränkt aber die Rechte und den Einfluss des einzelnen Aktionärs stark ein. Der Interessent sollte sich

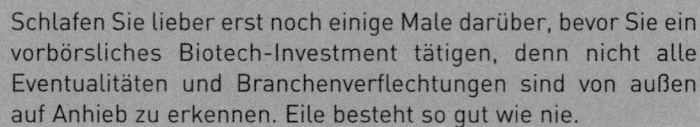

Unser Tipp!

Schlafen Sie lieber erst noch einige Male darüber, bevor Sie ein vorbörsliches Biotech-Investment tätigen, denn nicht alle Eventualitäten und Branchenverflechtungen sind von außen auf Anhieb zu erkennen. Eile besteht so gut wie nie.

daher stets einer Tatsache bewusst sein: Die Handelbarkeit seiner Anteile ist äußerst eingeschränkt. Wenn es also einmal nicht so gut läuft, gibt es nur zwei Alternativen: Ausharren, bis sich der Erfolg einstellt, oder ausharren, bis der Misserfolg – sprich die Insolvenz –, besiegelt ist.

Übrigens!

In Deutschland wählte in den letzten Jahren das Regensburger Unternehmen Antisense Pharma GmbH regelmäßig diesen Finanzierungsweg. Es lud immer wieder Vertreter sehr gut verdienender Berufe ein, sich am Unternehmen zu beteiligen und die Krebsmedikamentenforschung auf der Basis von Antisens-Molekülen zu unterstützen. Das Unternehmen schaffte es auf diese Weise bis heute, einen Medikamentenkandidaten gegen bösartige Gehirntumore in der klinischen Phase II zu entwickeln. Die Umwandlung in eine Aktiengesellschaft, die einen Hinweis auf einen bevorstehenden Börsengang geben könnte, erfolgte allerdings noch nicht.

Unser Tipp!

Wer aufgrund seines Kapitalstocks oder seines Wissens dennoch mit einem vorbörslichen Investment liebäugelt, sollte es durchaus wagen, direkt auf die Gesellschaften einzeln zuzugehen, um nach einer Beteiligungsmöglichkeit zu fragen.

Drum prüfe, wer sich lange bindet

Beim Kauf einer Biotech-Aktie an der Börse ist es von großer Bedeutung, sich sehr fundiert und kritisch mit dem Unternehmen und seinen Erfolgsaussichten auseinanderzusetzen, solange es sich nicht um eines der wenigen, seit einigen Jahren etablierten Biotech-Unternehmen handelt, wie sie etwa im Amex Biotechnology Index vertreten sind. Im Vorfeld eines Private Equity Investment ist dies jedoch ungleich wichtiger. Denn zum einen fehlt die Möglichkeit eines schnellen Verkaufs der Beteiligung, falls der Geschäftsverlauf enttäuscht. Zum anderen mangelt es oft an qualifizierten und unabhängigen Informationsquellen wie Banken-Research oder Zeitungsartikeln über das Unternehmen. Darüber hinaus ist der Prozess der Geldanlage weit komplexer als beim Aktienkauf an der Börse. Daher sollte nur derjenige eine Investition in Biotech-Private-Equity in Erwägung ziehen, der bereit und in der Lage ist, sich intensiv mit den rechtlichen, steuerlichen, technischen und kaufmännischen Aspekten seines Investments zu beschäftigen.

8.5 Vorbörsliche Investmentfonds

Eine durchaus interessante Alternative sind seit einiger Zeit vorbörsliche Beteiligungsfonds. Inzwischen sind einige Anbieter auf dem Markt, die eine Beteiligung im Bereich einiger Tausend Euro in noch nicht börsennotierte Unternehmen ermöglichen. Dadurch, dass die Fondsanbieter nicht nur auf ein einzelnes vorbörsliches Biotech-Unternehmen setzen, erfolgt eine gewisse Diversifizierung. Die Betonung liegt allerdings auf dem Wort »gewisse«. Garantien erhält der Anleger auch in diesem Fall nicht. Aus diesem Grund mischen die Anbieter auch Unternehmen aus der Medizintechnik und der Diagnostik – mit scheinbar geringerem Risiko – bei. Die Experten setzen auf das Know-how beratender Fachleute, um ein nach Chancen und Risiken ausgewogenes Portfolio zusammenzustellen. Wer sich für eine solche Anlage entscheidet, muss zweierlei beachten: Mit dieser Anlageform besteht in Deutschland noch kaum Erfahrung und die Unternehmen, in die investiert wird, sind zum Zeitpunkt des Investments in der Regel nicht bekannt (Blindpool-Ansatz).

Das erfordert vor allem Vertrauen in die Fondsmanager und ihr Fingerspitzengefühl, die aussichtsreichsten Kandidaten herauszufiltern. Beteiligungsgesellschaften, wie die MIG Verwaltungs AG, weisen darauf hin, dass Beteiligungen in der *Anlageklasse Venture Capital* 15 Prozent des für Investitionen verfügbaren Vermögens nicht überschreiten sollten.

Beteiligungsgesellschaft	Fondsname	Summe	Anmerkungen	Beteiligungen, z.B.
MIG Verwaltungs AG, www.mig-fonds.de	MIG Fonds 1-6	ab 2.000/ 7.200 Euro	Ratenzahlungen möglich	Brain, Protagen, Affiris, Antisense Pharma
Wellington Partners, www.wellington-private-clients.de	Wellington Partners Ventures III Life Science Fund	ab 10.000 Euro	nicht nur Biotech, Zielfonds Wellington Partners WP III Life Science	Implanet Partners, Sensimed, BMDSys, Oxford Immunotec-Techologie
Bankhaus Wölbern, www.woelbern.de, www.mpmcapital.com	Private Equity 02 Life Science	ab 25.000 USD	70 Prozent fällig bei Beitritt; Investments in Zielfonds MPM BioVentures IV und in Direktbeteiligungen	Peplin, Pacera

Tab. 8.5: Private-Equity-Fonds mit Biotech-Bezug

❗ Unser Tipp!

Wem vorbörsliche Fonds als nicht passend erscheinen, der kann einen Blick auf die Portfoliounternehmen werfen. Sollten diese an die Börse gehen bieten sie in der Regel weiterhin gute Chancen.

Übrigens!

Folgendes Beispiel zeigt, wie riskant ein vorbörsliches Einzelinvestment wirklich sein kann, da nur die wenigsten unter Ihnen alle finanziellen, steuerlichen und rechtlichen Aspekte und Interessensverflechtungen kennen werden. Zu Zeiten der Biotech-Blase um die Jahrtausendwende herum gab es für professionelle Risikokapitalgeber, die sogenannten Venture Capitalists, faktisch eine staatlich geförderte Rückversicherung, um frühere Investments in Hochtechnologiebranchen zu fördern. Sie besagte: Im Fall der Insolvenz erhält der Venture Capitalist einen bestimmten Prozentsatz seines Investments zurückerstattet. Inzwischen ist es kein Branchengeheimnis mehr, dass einige der unerfahrenen Risikokapitalgeber diesen Rückfahrschein zogen, weil sie das Biotechnologie-Geschäft nicht verstanden und dem Management neben ihrem eingesetzten Kapital faktisch nicht helfen konnten, etwa wenn es um die Anbahnung wichtiger Branchenkontakte ging. Auf diese Weise rutschten einige deutsche Biotech-Unternehmen in die Pleite. Jeder kann sich ausrechnen, wie hoch der Einfluss eines Einzelinvestors im Subprozentbereich ist, solche Entscheidungen aufzuhalten.

Exkurs: Diversifikation

Erlauben Sie uns an dieser Stelle einen Exkurs, damit Sie als Leser unseren dringenden Rat zur Diversifikation auch ernst nehmen. Der grundlegende Aspekt, um den es dabei geht, ist ein tieferes Verständnis der experimentellen Wissenschaft. Und darum geht es ja bei forschenden, noch nicht profitabel agierende Biotech-Unternehmen. Wir möchten diese Erkenntnis mit Ihnen teilen, denn: »Man kann zwar Experimente gut planen, nicht jedoch die Ergebnisse.«

Dieser Ausspruch ist weit davon entfernt nur ein Bonmot zu sein. Er ist tägliche Realität in den Laboratorien dieser Welt. Wenn die Menschen, schon während sie forschen, wüssten, was am Ende herauskommt, dann bräuchten sie nicht zu forschen. Wissenschaftliche

Experimente, also die Erforschung von Neuem, basiert immer auf dem derzeitigen Wissensstand. Da es jedoch nie so sein wird, dass Wissenschaftler alle zu berücksichtigenden Faktoren bereits kennen, ist ein wissenschaftliches Experiment immer auch eine Übung, den noch ungewissen und nicht bekannten Rest in den Griff zu bekommen.

Genau diese wichtige Erkenntnis spiegelt sich in unserem Tipp wider und ist auch die Basis der in Abbildung 4.3 dargestellten Ausfallwahrscheinlichkeit bei der Entwicklung neuer Medikamente. In der Biotechnologie kommt noch hinzu, dass wir es oft mit Lebewesen zu tun haben und damit mit individuellem Verhalten. Wir müssen erst einmal das Kollektiv, die Vielzahl der Mikroorganismen, die bei der Produktion eines neuen Stoffes tätig sind, verstehen, um die Wiederholbarkeit eines Experimentes und damit die Qualität des Ergebnisses auf ein sicheres Fundament zu stellen. Ein neues Medikament kann sich auch in Tierstudien anders verhalten als bei Untersuchungen am Menschen und vielleicht nicht die gewünschte Wirkung zeigen, wie zum Beispiel einen Tumor zu entfernen. All das kann letztlich zu Unvorhersehbarem führen, ohne dass man daraus gleich den Schluss ziehen sollte, hier sei ein schlechtes Forscher- oder Managementteam am Werk. Solche Effekte machen die Forschung zwar nicht unplanbar, aber doch in ihrem Ausgang nicht in allen Aspekten vorhersehbar. Das ist nun einmal das Wesen der Wissenschaft, der Forschung und des Experimentierens und auch die gewiefteste Forscherin und der intelligenteste Forscher werden an diesem »Naturgesetz« nichts ändern können. Dies gilt es im Kopf zu behalten, wenn von vorbörslichen oder generell von Investments in noch nicht mit Produkten am Markt vertretene Biotech-Unternehmen die Rede ist.

Wenn Sie allerdings die Aktie eines Zulieferers wie etwa Qiagen in Ihr Portfolio nehmen, dann dürfte es äußerst unwahrscheinlich sein, dass Sie mit dieser Aktie einen Totalverlust erleiden werden. Ähnlich dürfte es sich verhalten, wenn Sie Aktien der großen Biotech-Unternehmen aus dem Amex Biotechnology Index auswählen. Konjunkturelle Schwankungen und Rückschläge, etwa Verzögerungen im Aufbau des Vertriebs, bei der Internationalisierung oder zum

Ende einer Patentlaufzeit, sind ganz normale Ereignisse in der Entwicklung von Wachstumsunternehmen. Größere Katastrophen oder die Übernahme durch ein anderes Unternehmen einmal ausgeschlossen, dürften solche Aktien nur in Ausnahmefällen von den Kurszetteln der Börsen verschwinden.

Liebäugeln Sie allerdings damit, frühzeitig in Biotechnologie-Unternehmen zu investieren, die neue Medikamente entwickeln, noch nicht profitabel sind oder noch keine Produkte auf dem Markt haben, dann ist das oberste Gebot immer eine Risikostreuung. Sie ist das »Muss«, von dem wir in unserem Tipp sprechen. Dazwischen gibt es alle Nuancen und damit Analagevarianten und Diversifikationsstrategien, denen Sie sich je nach Anlegertyp widmen können.

9 Richtig in Biotech investieren

In diesem Kapitel:

→ Hilfen zur Einschätzung der persönlichen Risikoneigung.

→ Zur Bedeutung der Liquidierbarkeit eines Biotech-Investments.

→ Wählen des richtigen Zeitpunktes für den Ein- und Ausstieg.

→ Für jeden Geldbeutel die besten Anlageinstrumente.

Für die Wahl des richtigen Biotech-Investments bedarf es mehr als nur der Anhäufung von Fachwissen über die Biotechnologie und den Kapitalmarkt. Die Sachkenntnis ist zwar eine wichtige Voraussetzung, aber nur der erste Schritt auf dem Weg zum Anlageerfolg. Nur eine Investition, die auch der Risikoneigung und der gewünschten Anlagedauer des Investors entspricht, hat gute Aussichten auf einen dauerhaften Erfolg. Zukünftige Chancen und Risiken eines Biotech-Investments sind schwer einzuschätzen. Dennoch sind die mögliche Wertentwicklung und die dafür notwendigerweise einzugehenden Risiken wichtige Kriterien bei der Auswahl des geeigneten Investment-Produktes. Da jedoch jeder Anleger die Chancen und Risiken individuell wahrnimmt, kann es kein universelles Biotech-Investment geben, das für jeden optimal ist.

Mit Blick auf historische Kursvervielfachungen bei verschiedenen Biotech-Aktien, wie Qiagen oder Amgen, oder bei Biotech-Optionsscheinen kann der Optimismus schnell überhand nehmen. Eine vom Anleger gewünschte Mindestperformance kann dann schnell zu hoch ausfallen, als dass er sie mit den vorhandenen Investitionsmöglichkeiten, die seinem Risikoprofil entsprechen, erreichen könnte. Daher sind die Aktien von Qiagen oder Amgen zwar gute Beispiele dafür, was im besten Fall möglich ist, aber als genereller Maßstab für alle Biotech-Investments sind sie nicht geeignet.

Unser Tipp!

Lassen Sie sich nicht von der Gier leiten, sondern finden Sie einen sinnvollen Kompromiss zwischen der Rendite und dem Risiko Ihrer Biotech-Investments.

Die Analyse der Chancen und Risiken eines Investments ist sicher ein vielversprechender Weg, um das individuell passende Biotech-Investment zu finden. Wie hoch dabei der finanziell maximal verkraftbare Kursverlust sein darf, stellt einen wichtigen Indikator dar. Eine Gewissensfrage, die sich jeder Anleger bei einem Investment – nicht nur in der Biotechnologie – stellen sollte, lautet: Kann ich noch ruhig schlafen, wenn ich diese Investition durchführe? Ein Investment, das zwar langfristig das Vermögen des Anlegers mehren könnte, ihm aber gleichzeitig durch nervenaufreibende Schwankungen das Leben erschwert, hat seinen Sinn verfehlt.

Der Kauf von Fondsanteilen, die in Biotech-Aktien investiert sind, ist sicher nicht so aufregend wie das unmittelbare Mitfiebern bei der Kursentwicklung eines noch nicht profitablen Biotech-Unternehmens, das die Höhen und Tiefen der Forschung am einzigen Wirkstoffkandidaten durchlebt. Dafür bleibt dem Anleger aber auch die eine oder andere Schrecksekunde erspart.

Fallstudie ImClone

Der Chartvergleich zwischen dem Biotech-Unternehmen ImClone, das nach Wirkstoffen forscht, und dem Nasdaq Biotechnology Index belegt deutlich die Überraschungen, die in Biotech-Aktien stecken können. Der Chart zeigt zwar, dass es immer wieder Phasen gegeben hat, in denen sich die ImClone-Aktie deutlich besser entwickelte als der Index. So konnte sich die Aktie zwischen Oktober 2002 und Juni 2004 etwa verzwölffachen und den um rund 50 Prozent gekletterten Nasdaq-Biotech-Index weit hinter sich lassen. Zuvor konnte man allerdings auch das genaue Gegenteil beobachten. Im Zeitraum von Dezember 2001 bis Oktober 2002 verlor die ImClone-Aktie rund 90 Prozent ihres Wertes während der Nasdaq-Biotech-Index um »nur« 46 Prozent fiel. Jeder Anleger sollte deshalb selbst herausfinden, ob er mit einem solchen Hin-und-her-Pendeln leben könnte: zum Beispiel dann, wenn sich ein Highflyer des Depots nach einer Kursvervielfachung in kürzester Zeit mehr als halbiert, weil das Management bei der Zulassung eines Medikaments, wie etwa des Antikörper-Hoffnungsträgers Erbitux gegen Darmkrebs, Fehler begeht. Wer eine solche Achterbahnfahrt in seinem Depot verkraftet, ohne nachts schweißgebadet aufzuwachen und im Videotext panisch nach aktuellen ImClone-Kursen zu schauen, mag für Investments in risikoreichere Biotech-Titel geschaffen sein. Den Investoren mit weniger stabilem Nervenkostüm ist davon eher abzuraten. Ist es einmal zum Absturz des einstigen Lieblings gekommen, heißt es handeln, allerdings mit Ruhe. Der vorschnelle Ausstieg, getrieben durch Frustration, wäre im Fall von ImClone nicht die richtige Alternative gewesen. Sich in einem solchen Moment mit weiteren Informationen aus allen zugänglichen Quellen zu versorgen, ist dann ein Muss. Ein zu früher Verkauf der Aktie im Herbst 2002 nach dem Kurssturz wäre in diesem Fall schon der zweite Fehler des unsicheren Biotech-Investors gewesen. Neben der falschen, weil schlaflose Nächte verursachenden Entscheidung zu kaufen, wäre dann noch der Ausstieg zum denkbar ungünstigsten Zeitpunkt erfolgt. Der Kurs erreichte 2004 – wenn auch nur kurzzeitig – ungeahnte Höhen. Nicht zuletzt auch dank eines starken Partners. So setzte die deutsche Merck als Kooperationspartner von ImClone die Zulassung von Erbitux in Europa durch, ein Ergebnis, das auch dem kleineren US-Partner erneut Auftrieb verschaffte. Heute machen die Pharmakonzerne Merck in Europa und Bristol Myers Squibb in den USA jeweils mehrere Hundert Millionen Euro bzw. US-Dollar Umsatz mit Erbitux. Der kleine Biotech-Partner ImClone profitiert dabei von entsprechenden Lizenzgebühren.

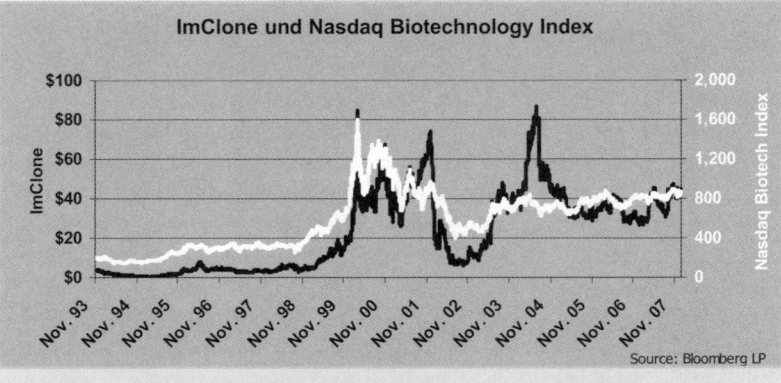

Abb. 9.1: Langfristige Kursentwicklung von ImClone im Vergleich zum Nasdaq Biotechnology Index

 Unser Tipp!

Analysieren Sie vor einer riskanteren Strategie in Ruhe, welcher Anlegertyp Sie sind und bedenken Sie den schlimmsten aller Fälle.

9.1 Den Ausstieg planen

Ein weiterer wichtiger Faktor bei der Auswahl eines Investments ist seine Liquidierbarkeit. Ist eine Investition nur schwer wieder zu Geld zu machen, sollten Sie dafür nur Kapital einsetzen, das Sie nicht kurzfristig für andere Zwecke benötigen. Neben einer eingeschränkten Handelbarkeit börsennotierter Werte, bei denen nur wenige Stücke täglich den Eigentümer wechseln, ist eine Private-Equity-Anlage sicher ein Paradebeispiel für eine Investition, deren Liquidierung den Anleger vor große Probleme stellen kann. Entwickelt sich das Unternehmen, in das investiert wurde zügig und vor allem planmäßig, so kann der Investor eventuell sogar auf einen Börsengang hoffen. Das ist für einen Private-Equity-Investor der Königsweg. Er bietet die Möglichkeit, nach dem Börsengang schnell und bequem auszusteigen. Immer unter der Voraussetzung, dass nicht noch Haltefristen, sogenannte Lock-up-Perioden, für Altinvestoren berücksichtigt werden müssen.

Gibt es jedoch Rückschläge oder Verzögerungen, oder macht die aktuelle Börsenstimmung einen Börsengang mit Blick auf die nächsten Jahre zum Vabanquespiel, dann bleibt dem Anleger nichts anderes übrig, als seine Private-Equity-Anteile weiter zu halten – vielleicht sogar über viele Jahre.

IPO oder Trade Sale?

Der risikofreudige vorbörsliche Investor in der Biotech-Branche muss sich immer eines vor Augen halten: Nicht jedes Unternehmen ist für die Börse geeignet. Ein Blick auf die weltweit etwa 5.000 Biotech-Unternehmen deutet dies bereits an: ungefähr geschätzt, ist nur etwa jedes zehnte Unternehmen überhaupt börsennotiert. Für einen Börsengang ist immer eine gewisse Unternehmensgröße und ein damit verbundener Unternehmenswert notwendig, da bildet die Biotechnologie-Branche keine Ausnahme. Nur so können ausreichend hohe Anteilsbewertungen und in letzter Konsequenz dazu passende IPO-Erlöse erzielt werden. Diese muss das Unternehmen wieder sinnvoll investieren, was bedeutet, dass die Equity Story, also die Wachstumsstory zum Börsengang, stimmen muss. Das Geschäftsmodell muss vor allem Fantasie bergen und dem Investor nach verlust- und vor allem risikoreichen Jahren eine entsprechende Kompensation in Aussicht stellen. Die Vergangenheit hat

Unser Tipp!

Bedenken Sie bei schlecht handelbaren Biotech-Investments, dass Ihr Geld über viele Jahre gebunden sein kann und Sie es unter Umständen nicht zum Auffangen von Liquiditätsengpässen nutzen können.

aber auch gezeigt, dass so manches Biotech-Unternehmen weit vor einem Börsengang wieder »verschwindet«. Dies geschieht nicht notwendigerweise deshalb, weil es aufgrund von Erfolglosigkeit in Insolvenz gehen muss, sondern weil es im Zuge eines sogenannten Trade Sale, eines Verkaufs an ein anderes Unternehmen, seine Eigenständigkeit verliert. Diese Variante des Verkaufs von Unternehmensanteilen ist allerdings unter Renditegesichtspunkten weniger attraktiv.

Auch der Verkaufskurs muss stimmen

Fondsanteile und Aktien bieten gegenüber Private-Equity-Anlagen mehr Möglichkeiten, was die Handelbarkeit der Anteile und damit die Liquidierbarkeit des Investments angeht. Doch dieser Vorteil kann trügerisch sein.

Da die Biotechnologie immer noch als jung einzustufen ist, unterliegen die gesamte Branche und vor allem einzelne Aktien hohen Schwankungen. Wir erwähnten dies bereits an anderer Stelle, bei der Diskussion über Chancen und Risiken. Es kann also ohne Weiteres vorkommen, dass eine komplette Branche an der Börse über Jahre hinweg in Ungnade fällt,

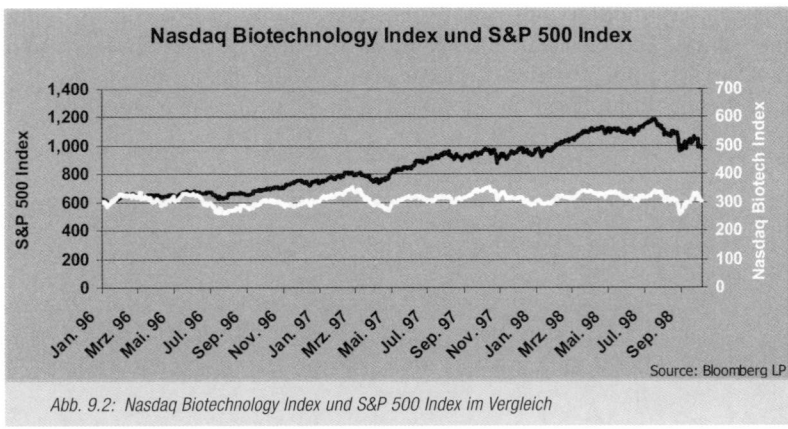

Abb. 9.2: Nasdaq Biotechnology Index und S&P 500 Index im Vergleich

und sich die Kurse kaum von der Stelle bewegen. Dies geschah im Falle der Biotechnologie in den Jahren 1996 bis 1998, wie Abbildung 9.2 zeigt. Während der S&P 500 Index als Repräsentant des breiten Aktienmarktes in diesem Zeitraum um fast 60 Prozent zulegen konnte, trat der Nasdaq Biotechnology Index auf der Stelle.

In einer solchen Phase Aktien oder Fondsanteile zu verkaufen, weil das Geld für dringende Anschaffungen gebraucht wird, ist zwar dank der Handelbarkeit dieser Investitionsformen möglich, aber nicht sehr sinnvoll. Jenseits der theoretischen Möglichkeiten also, jederzeit aus seinem Investment aussteigen zu können, sollte der Anleger die Biotechnologie vielmehr als langfristige Chance verstehen und auch danach handeln. Nur langfristig orientierte Investoren haben die Möglichkeit, Kurstäler auszusitzen und an späteren Aufschwungphasen teilzunehmen.

9.2 Der richtige Zeitpunkt im Kleinen wie im Großen

Im einem ersten Schritt das richtige Investment zu finden, ist schon der halbe Weg zum Erfolg – aber leider auch nicht mehr. In einem zweiten Schritt muss man den richtigen Zeitpunkt finden, um einzusteigen. So ist es zum Beispiel gewagt, die Aktien eines Biotech-Unternehmens mit hervorragendem Potenzial zu einem Zeitpunkt zu kaufen, zu dem der Kurs seit Monaten stetig fällt und keine Anstalten macht, seine Richtung zu ändern. Zwei wichtige Faktoren können deshalb für das richtige Timing wertvolle Hinweise liefern: Die Charttechnik und die Fundamentalanalyse.

Timing-Faktor Nr. 1: Charttechnik

Bei der Suche nach dem richtigen Einstiegszeitpunkt kann die technische Aktienanalyse gute Dienste leisten. Man kann sie sowohl bei den Aktien profitabler als auch bei denjenigen Verlust schreibender Unternehmen anwenden. An dieser Stelle soll lediglich ein kleines Beispiel den Grundgedanken erläutern.

Eine wichtige Teildisziplin der technischen Analyse ist die Charttechnik. Mit ihrer Hilfe versucht man, aus dem Kursverlauf einer Aktie Aussagen über deren zukünftigen Verlauf zu gewinnen. Das klingt nur auf den ersten Blick nach Kaffeesatzleserei, denn die Kurse spiegeln das Verhalten der Anleger wider. Ein langer stetiger Abwärtstrend, wie er im Beispielchart 9.3 abgebildet ist, zeigt, dass offenbar viele Investoren das Vertrauen in das Unternehmen verloren haben und Anleger ihre Aktien auch zu immer tieferen Kursen verkaufen wollen. Fundamental mag dies zwar nicht gerechtfertigt sein, dennoch sollte sich der Anleger diese Information zunutze machen. Solange dieser Abwärtstrend nicht gebrochen wird, gibt es keinen – charttechnischen – Grund, die Papiere zu kaufen. Eine alte Kaufmannsregel besagt schließlich: Der Gewinn liegt im Einkauf. Deutet sich hingegen ein Trendwechsel an, bleibt immer noch genug Zeit, einzusteigen. Neben der fundamentalen Qualität des Unternehmens kann der Anleger dann auch auf eine steigende Beliebtheit der Aktie bei den anderen Anlegern hoffen. Diese Vorgehensweise ist auch dann einsetzbar, wenn zum Beispiel ein Wirkstoffe entwickelndes Biotechnologie-Unternehmen aufgrund eines Fehlschlags, bei den klinischen Studien oder bei der Zulassung, abgestraft wird. Hier in die fallenden

Abb. 9.3: Beispiel Charttechnik: Eine Aktie bricht aus dem Trendkanal aus

Kurse hinein Aktien zu kaufen, ohne neue Informationen von der Zulassungsbehörde zu haben, wäre rein spekulativ. Erst die stabilisierende Trendwende bringt genügend Fundament in eine solche Betrachtung. Es gilt also auch hier Ruhe zu bewahren. Schließlich ist ein Medikament, selbst bei einer positiveren Börsenstimmung, noch lange nicht am Markt.

Um herauszufinden, wann sich nun der Trendwechsel bei einer Aktie andeutet, bietet die technische Analyse eine Vielzahl von charttechnischen Formationen und anderen technischen Indikatoren. Ohne sich gleich allzu intensiv in die Materie zu vertiefen, reicht oft schon ein kritischer Blick auf den Kursverlauf, um einen ersten groben Eindruck zu gewinnen. Da der Anlagehorizont eines Biotech-Investments langfristig sein sollte, ist es sinnvoll, einen Chart von mindestens einem Jahr, noch besser von drei bis fünf Jahren, zu analysieren. Bei der Betrachtung der langfristigen Kursentwicklung vor allem junger Biotechnologie-Unternehmen, die noch am Anfang ihrer Unternehmensentwicklung stehen und kaum älter als zehn Jahre sind, ist es deshalb tatsächlich nicht so wichtig, was die Aktie in den letzten Handelstagen gemacht hat.

Timing-Faktor Nr. 2: Fundamentale Aspekte

Auch fundamentale Aspekte sind für den richtigen Einstiegszeitpunkt wichtig. Dabei spielt die Risikoneigung des Anlegers eine Rolle. Stehen wichtige politische Entscheidungen an, die die Zukunft der Biotechnologie beeinflussen können, wie zum Beispiel eine Neuregelung der Stammzellforschung oder Änderungen bei der Patentierbarkeit von Entdeckungen auf dem Gebiet der Gentechnik, so sollten nur Spekulanten oder diejenigen, die den Umfang und die Richtung der Änderungen gut abschätzen können, einen Einstieg wagen. Vorsicht ist auch geboten, wenn wichtige Daten über klinische Studien eines Unternehmens erwartet werden. Wer die betroffene Aktie im Vorfeld einer solchen Meldung kauft, muss sich bewusst sein, dass durch die anstehende Entscheidung ein höheres Risiko mit der Aktie verbunden ist.

! Unser Tipp!

Investieren Sie nicht überstürzt, sondern suchen Sie nach einem geeigneten Einstiegszeitpunkt. Dieser ist ebenso wichtig wie die Wahl des richtigen Produktes.

9.3 Welcher Biotech-Anlegertyp bin ich?

Wer in die Biotechnologie investieren will, muss sich bei seinem ersten Investment über die Tragweite seiner Entscheidung bewusst sein. Dies gilt jedoch vernünftigerweise für alle jungen Hochtechnologiebranchen. Wir haben mehrfach in diesem Buch auf den Umstand hingewiesen, dass ein Anleger die Chancen und Risiken einer Anlage genau abwägen muss. Vor allem muss er bei seinen Investmententscheidungen die Chancen und Risiken der jeweiligen Branche und die Besonderheiten der verschiedenen Anlageinstrumente frühzeitig auf eine Vereinbarkeit mit seinen persönlichen Zielen und seinem Naturell hin abklopfen.

Fragen, die Sie sich stellen sollten:

→ Setze ich auf Sicherheit und eine moderate Rendite oder riskiere ich auch Kapital mit der Aussicht auf eine höhere Rendite?

→ Treffe ich meine Anlageentscheidungen gern selbst oder überlasse ich dies anderen?

→ Bemühe ich mich gern um zusätzliche Informationen oder entscheide ich auf unvollständiger Informationsbasis?

→ Setze ich voll und ganz auf Biotechnologie oder ist es nur eine Depotbeimischung?

→ Reicht mein Interesse und mein Fachwissen für eine detaillierte Analyse der Pipeline eines Unternehmens oder begnüge ich mich mit allgemeinen Brancheninformationen?

→ Will ich langfristig und bindend auf den Erfolg der Biotech-Branche setzen oder will ich der Branche jederzeit problemlos den Rücken kehren können?

Zwei damit eng verknüpfte Fragen sind auch: Wie viel Kapital steht mir zur Verfügung? Und: Welchen Anteil davon könnte ich maximal als Totalverlust verschmerzen, für den Fall, dass ich eine zu riskante Anlagestrategie verfolge? Die in Tabelle 9.1 dargestellte Klassifizierung ist eine sehr subjektive Einschätzung der Autoren und kann natürlich nur eine grobe Hilfe darstellen. Selbstverständlich kann ein Anleger auch, je nach seinem zugrunde liegenden Risikoprofil, einen geringeren Betrag in eine höhere Risikoklasse investieren: immer unter der Voraussetzung, dass der Anbieter eines Anlageinstrumentes keine bestimmten Mindestvolumina fordert oder keine überproportionalen Transaktionskosten für die Abwicklung eines Auftrages anfallen.

Selbstverständlich ist jeder seines eigenen Glückes Schmied. Deshalb kann ein Hasardeur natürlich auch sein gesamtes Kapital – selbst wenn es die ersten ersparten 1.000 Euro sind und damit das gesamte für Biotechnologie-Investments zur Verfügung stehende Kapital – in nur einen hochriskanten Biotech-Wert anlegen: den Totalausfall eingeschlossen. Mindestens genauso riskant ist es aber auch, einen großen fünfstelligen Betrag über Friends- und Familiy-Programme in ein noch nicht börsennotiertes Unternehmen zu investieren.

Zwei goldene Regeln sollte ein gerissener Biotech-Anleger bei seinen Investmententscheidungen immer beherzigen.

1. Investieren Sie in hochriskante Produkte, wie zum Beispiel Private-Equity-Anlagen oder Aktien von Unternehmen, die die Gewinnschwelle noch nicht erreicht haben, allenfalls 10 bis 15 Prozent des liquiden Vermögens!

2. Diversifikation ist Pflicht! Dies ist eine Regel, die wir bei der Anlage in junge Hochtechnologiewerte nicht häufig genug erwähnen können.

Stufe	Für Biotech-Investments zur Verfügung stehendes Kapital	Typ	Anlageinstrument
1	bis 1.000 Euro	Sie möchten mit einem Teil Ihres Kapitals passiv in Biotech diversifizieren.	Aktienfonds, Zertifikate
2	bis 5.000 Euro	Sie suchen nach einer Möglichkeit durch Beimischung die Rendite Ihres Portfolios zu verbessern.	börsennotierte Einzelaktien von Unternehmen mit Umsätzen und Gewinnen
3	bis 10.000 Euro	Sie haben sich mit der Branche befasst, sind sich der Branchen- und Unternehmensrisiken bewusst und möchten Ihr Portfolio selbst aktiv managen.	Mischung aus etablierten und kurz vor der Gewinnzone stehenden Einzelwerten mit Börsennotiz
4	bis 50.000 Euro	Sie suchen sehr gute Renditemöglichkeiten und können einen großen Teil Ihres Kapitals längerfristig binden.	Private-Equity-Fondsanteile, börsennotierte Einzelaktien von Unternehmen in frühen Entwicklungsstadien
5	über 50.000 Euro	Sie suchen herausragende Renditechancen in der Biotechnologie, können aber ggf. auch einen Totalverlust verschmerzen.	Private-Equity-Beteiligungen in Einzelwerte

Tab. 9.1: Anhaltspunkte für eine Einstufung des eigenen Biotech-Investmentverhaltens

Es versteht sich von selbst, dass Sie die Empfehlungen der verschiedenen Anlagestufen auch miteinander kombinieren können. Sinnvollerweise sollten die höheren Stufen nur mit wachsendem Vermögen erklommen werden. Wenn Sie sich also trotz kleinem Budget für eine Biotech-Geldanlage nicht von einem Investment in Einzelwerte abhalten lassen wollen, noch wenig von der Technologie und den Branchenzusammenhängen verstehen und an keine weiteren Informationen herankommen, dann tun Sie uns bitte einen Gefallen:

 Unser Tipp!

Investieren Sie nur in Einzelwerte, die schon länger in den Depots der Biotech-Fonds zu finden sind oder zu denen sich nachweislich mehr als ein anerkannter Aktienanalyst positiv geäußert hat.

10 Zugang zu Biotech-Informationen

In diesem Kapitel:

→ Paradoxon der Biotech-Informationsquellen: Vielfältigkeit und Mangel.

→ Informationssammlung und Austausch mit Gleichinteressierten.

→ Die wichtigsten Börsen mit Biotech-Aktien im Internet.

Die richtige Information zur richtigen Zeit ist das A und O für ein erfolgreiches Investment. Wem sagen wir das? Dies ist eine Aussage, die sicher nicht nur für das Investment in Biotechnologie-Unternehmen gilt. Nach dem, was wir bisher über die noch junge Biotechnologie-Branche erfahren haben, ist es vielleicht nur ein bisschen schwerer diese Informationen zu finden und zu bewerten. Der Informationsmarkt steht letztlich vor der gleichen Herausforderung wie Sie als Investor: Das Gebiet ist sehr groß und komplex, viele Journalisten und Analysten tun sich schwer mit der Materie und viele Redaktionen oder Banken kapitulieren ganz. Diejenigen, die sich mit der Biotechnologie befassen, stellen nur einen Bruchteil aller Investoren dar. Deshalb bieten wir Ihnen im Folgenden einige indirekte Tipps an, stellen Ihnen aber auch direkte Wege zu den Informationskanälen der Biotech-Branche vor. Mehr Details hierzu finden Sie unter »Quellen« im Anhang.

! Unser Tipp!

Verlassen Sie Ihre persönlichen, vielleicht schon eingetretenen Pfade zur Beurteilung eines Investments und öffnen Sie sich neuen Informationskanälen.

Hier können Sie u.a. relevante Informationen finden:

1. Internetseiten der Direktbroker (K)
2. Internetseiten von Verbänden (B, F)
3. Aktienanalysten und Banken (K)
4. Internetportale über den Kapitalmarkt (K)
5. Geschäftsberichte notierter Biotech-Unternehmen (F, K)
6. Brancheninformationen von Ministerien oder Industrie- und Handelskammern (F)
7. Wochen- oder Monatsmagazine (B, F, K)
8. Themenbezogene Beilagen in Tageszeitungen (B, F, K)
9. Newsletter aus den Bioregionen (B, F)
10. Eigener Freundes- und Bekanntenkreis (B, F, K)
11. Investor-Relations-Abteilungen der Unternehmen (F, K)

Legende zur Art der Information:
B = Branche, F = Fachliches, K = Kapitalmarkt

10.1 Über den Tellerrand der eigenen Meinung hinaussehen

Wer mehr will, als in einen anerkannten Biotech-Fonds mit einem langjährig erfahrenen und erfolgreichen Fondsmanager zu investieren, der wird nicht umhin kommen, sich intensiver mit den wirtschaftlichen Zusammenhängen in der Biotechnologie und mit einzelnen Unternehmen zu befassen. Interessierte finden unter »Quellen« im Anhang dieses Buches Informationsmöglichkeiten über den Kapitalmarkt und die Branche – ohne dass wir allerdings einen Anspruch auf Vollständigkeit erheben wollen. Vielleicht steckt hinter dem einen oder anderen unserer Hinweise ein Impuls für Sie; möglicherweise hat ihr Skatfreund eine Tochter, die Biotechnologie studiert und neue Forschungsmethoden aus dem Labor einschätzen kann. Oder im wöchentlichen Nordic-Walking-Treff gibt es einen Arzt, der die Aussichten eines neuen Medikamentes bewerten kann. Beides könnte Ihnen helfen, das, was Sie im Internet und in den Zeitungen über eine bestimmte Investmentopportunität gelesen haben, besser einzuschätzen und unter einem anderen Blickwinkel zu betrachten.

Machen Sie es also wie die Profis in der Wissenschaft und ermutigen Sie sich selbst, einen Blick über den eigenen Tellerrand zu werfen. Wissenschaftler sind heute zum Teil so hoch spezialisiert – wir wiesen in Kapitel 3 darauf hin –, dass ihnen ein Durchbruch in der Forschung nur zusammen mit anderen Spezialisten gelingt. Sie brauchen dieses Zusammenspiel verschiedener Fachrichtungen, Erfahrungen und Sichtweisen. Ein solcher Informationsaustausch hat eine höhere Erfolgswahrscheinlichkeit als Eigenbrötelei. Wer als Anleger nur den Aussagen des liebgewonnenen, aber in Sachen Biotechnologie unwissenden, Aktien-Stammtischbruders folgt oder allein aufgrund einer kurzen Notiz in einer nicht auf Wirtschaft und Börse spezialisierten Tageszeitung Entscheidungen trifft, der mag vielleicht mit etwas Glück steigende Kurse haben; für eine fundierte Auswahl und eine langfristig stabile Anlage in Biotechnologie-Aktien ist dieses Vorgehen jedoch eher als riskant einzuschätzen. Marktenge Aktientitel können so durchaus ins Laufen kommen und in ungeahnte Höhen steigen. Doch so wie Lemminge, die gemeinsam in eine Richtung rennen, stürzen sie auch gemeinsam gerne einmal ab.

Übrigens!

Hände weg von Blogs und Gerüchteportalen im Internet, wenn es um die Anlage in Biotechnoloige-Aktien geht! Auch Aktien-Spams – wie sie seit Kurzem für einige ehemalige Neue-Markt-Überflieger aus der Informationstechnologie, der Telekommunikation und anderen Branchen sowie für kuriose Penny Stocks kursieren – dürften in Sachen Biotechnologie nur noch eine Frage der Zeit sein.

Unser Tipp!

Vertrauen Sie nur auf seriöse Informationsquellen zur Biotechnologie und sachliche Berichterstatter.

10.2 Eigene Diskussionszirkel gründen

Eine Anregung unsererseits lautet: Bauen Sie einen eigenen Diskussions-zirkel auf! Sie sagen:»Börsenclubs gibt es doch schon«. Stimmt genau, davon wollen wir Ihnen auch abraten. In den großen stammtischähnli-chen Runden gibt es selten Leute, die dasselbe tiefe Interesse an einer jungen Technologiebranche haben und bereit sind, dafür einen Teil ihrer Zeit zu investieren, ihr eigenes Wissen einzubringen und mit anderen gemeinsam zu diskutieren. Weder thematisch breit angelegte Stammti-sche noch der anonyme Internetchat bieten unserer Ansicht nach die für die Durchdringung der Biotech-Chancen am Kapitalmarkt notwendige Tiefe. Aber: Um gleichermaßen in Biotechnologie-Investments Interes-sierte zu finden, bieten die über das gesamte Bundesgebiet verteilten Börsenkreise des Bundesverbandes der Börsenvereine an deutschen Hochschulen (BVH) e. V. sicher geeignete Anknüpfungspunkte. Die bei-den Autoren können dies nur positiv bestätigen. Ohne das Fachsimpeln über Biotechnologie im Arbeitskreis Börse in Mainz in den Neunzigerjah-ren würde es wohl auch dieses Buch nicht geben. Flatrates und Internet-telefonie bieten heute genügend Raum für virtuelle Börsenzirkel, die über das ganze Bundesgebiet und darüber hinaus verteilt sein können.

 Unser Tipp!

Sammeln Sie Biotech-Informationen aus verschiedenen Quel-len, bilden Sie sich eine Meinung und diskutieren Sie mit Gleichinteressierten.

10.3 Fahrende Züge und stetige Chancen

Bevor Sie auf bereits fahrende Züge aufspringen – oder noch schlimmer, bevor Sie auf solche aufspringen, die in die falsche Richtung fahren – bil-den Sie sich lieber zunächst selbst eine Meinung. Bedenken Sie: Wir haben eingangs davon gesprochen, dass es weltweit mehr als 5.000 Biotechnologie-Unternehmen gibt. Vermutlich sind es noch einige mehr, wenn man alle mitzählt, die nur einen Teil ihres Umsatzes mit der Biotechnologie machen oder angrenzenden Gebieten zuzuordnen sind. Aber auch wenn nur 10 bis 20 Prozent, also zwischen 500 bis 1.000 dieser Unternehmen an der Börse notiert sind, so gibt es doch genügend Anlagechancen. Es kommt vor allem darauf an, frühzeitig informiert zu sein oder zum richtigen Zeitpunkt den Einstieg zu wagen. Jedenfalls gibt es genügend Möglichkeiten, auch weiterhin interessante Unternehmen zu entdecken, deren Aktienkurse noch nicht davongaloppiert sind. Der Markt steht nicht still, sondern wächst dynamisch. Es stoßen immer wieder neue Kandidaten dazu.

Schauen Sie sich also vor allem seriöse Zeitungen und Zeitschriften an, ob dort etwas über Biotechnologie und angrenzende Technologiefelder wie die Medizintechnik oder die Nanotechnologie geschrieben wird. Der aufmerksame Leser gewinnt so viele Informationen, die ihm für seine Anlageentscheidungen nützlich sein können. Dies geht übrigens auch dann – oder sollten wir sagen, gerade dann –, wenn insbesondere nicht die Top-Ten-Aktien der Biotechnologie oder anderer Ranglisten beschrieben werden, die in der Regel viele Anleger anregen, auf den fahrenden Zug aufzuspringen.

Unser Tipp!

Durchstöbern Sie regelmäßig in gut sortierten Zeitungskiosken die Auslage nach Schlagzeilen zum Thema Biotechnologie.

10.4 Tagespresse, Zeitschriften und Beilagen

Die Tagespresse der Wirtschaftszeitungen enthält häufig Sonderbeilagen, die anlässlich bestimmter Messen, etwa der Biotechnica in Hannover, der Medica in Düsseldorf oder der Achema in Frankfurt herausgegeben werden. Dabei handelt es sich vor allem um überregionale Zeitungen wie das

Handelsblatt, die Financial Times Deutschland, die Frankfurter Allgemeine Zeitung, die Frankfurter Rundschau, Die Welt oder Die Süddeutsche, aber auch um die Neue Zürcher Zeitung oder die Financial Times, das englische Original.

Neben den bekannten Börsenzeitungen, die wöchentlich oder monatlich erscheinen und das Thema Biotechnologie immer wieder einmal auf die Tagesordnung setzen, wie zum Beispiel Börse online im März 2006 »Deutsche Biotechs – Die Chance des Jahres« oder die jährlichen Sonderausgaben Biotechnologie von Going Public, findet man diese Themen auch in unregelmäßiger Folge in Zeitschriften wie der Wirtschaftswoche, dem Spiegel oder dem Focus. Gerade in längeren Titelgeschichten werden häufig interessante Aspekte besprochen. Dies geschieht nicht immer unter Anlage- und Renditegesichtspunkten, aber wer aufmerksam liest, erkennt Technologietrends, lernt etwas über Chancen und Risiken und erfährt, wo auf der Welt die besten Wissenschaftler zu einem Thema forschen. Wer hier einen Unternehmensnamen aufschnappt, ohne dass ein Aktienkurs diskutiert wird, hat gegenüber den Stammtischen langfristig einen Informationsvorsprung.

Übrigens!

Börsenrelevante Biotechnologie-Informationen finden Sie leider im Fernsehen in konzentrierter Form bis heute nicht. Selbstverständlich werden auch bei 3SAT, Bloomberg-TV, N24 oder n-tv Informationen zu Biotechnologie-Unternehmen gestreut. Es ist jedoch eher die Ausnahme, dass anerkannte Journalisten oder gar Aktienanalysten zu diesem Thema eingeladen werden und nur manchmal verirrt sich ein Beitrag ins öffentlich-rechtliche Fernsehen.

10.5 Investor Relations im Internet und am Telefon

Auch als potenzieller Investor haben Sie gute Gründe, die Investor-Relations-Abteilung eines Unternehmens zu kontaktieren. Heute gehört es selbstverständlich zum Standard, wesentliche Informationen wie Aktienkurs, Geschäftsberichte, Finanzkalender und Informationen zur Hauptversammlung im Internet bereitzustellen. Dies sollte jedoch niemanden davon abhalten, direkt beim Unternehmen anzurufen und um Informationen zu bitten. Manchmal ist die gute alte Printform besser geeignet als das Internet, um sich in aller Ruhe ein Bild von einem Unternehmen zu machen. Bitte scheuen Sie auch nicht davor zurück, die um sich greifenden Anglizismen anzusprechen. Wer nicht weiß, was ein CEO oder Managing Director – Vorstandsvorsitzender oder Geschäftsführer – ist, der darf bei einem deutschen Unternehmen, zumal wenn es in Deutschland an der Börse gelistet ist, durchaus einmal nachfragen, denn: Es gibt keine dummen Fragen – schon gar nicht, wenn es um das liebe Geld geht.

❗ Unser Tipp!

Kontaktieren Sie bei offenen Fragen rund um ein Unternehmen dessen Investor-Relations-Abteilung – auch schon vor einem Investment.

10.6 Zugang zu den weltweiten Biotech-Unternehmen

In der nachfolgenden Tabelle finden Sie die wichtigsten Börsen, mit den jeweils gelisteten Biotech-Unternehmen, in alphabetischer Reihenfolge. Die vonseiten der Börsen angegebene Anzahl der dort notierten Biotech-Unternehmen variiert sehr stark. In den meisten Fällen gibt es keinen eigenen Biotech-Index. Manchmal sind Biotech-Unternehmen mit anderen Technologieunternehmen vereint, sehr häufig jedoch werden die voll integrierten und bereits lange am Markt erfolgreich agierenden Pharmaunternehmen zusammen mit den zum Teil noch sehr jungen Biotech-Unternehmen gruppiert. Vorsicht ist also geboten. Außerdem sei noch einmal darauf hingewiesen, dass an manchen Börsen auch Unternehmen mangels Masse unter Biotechnologie gruppiert werden, die doch eher am

Rande der Biotechnologie tätig sind. Letztendlich ist dies ohne Belang, denn auch diese Unternehmen können gute Renditechancen aufweisen.

Land	Börse	Index	Internetlink	Im Index enthaltene Branchen
Australien	Sydney; ASX	S&P/ASX 200 Healthcare	www.asx.com → Prices, Research & Announcements → Company Research → Detailed Search → GICS Industry Group → Pharmaceuticals, Biotechnology & Life Science	Biotech, Pharma
Dänemark	The Nordic Stock Exchange; OMX Group		www.omxgroup.com → Visit our Marketplaces → The Nordic Stock Exchange → Price Information → Indexes → Copenhagen → List: Sector Index → OMX Copenhagen Biotech_GI → OMX Copenhagen Biotech_PI	Biotech
Deutschland	Frankfurt; Deutsche Börse		www.deutsche-boerse.de → Market Data & Analytics → Indizes → Branchenindizes → Prime Pharma & Healthcare Perf. Idx. → Zugehörige Werte	Biotech
England	London Stock Exchange	FTSE tech-MARK-mediscience	www.londonstockexchange.com → Investor Centre → Prices → Indices → techMARK → FTSE techMARK mediscience	Pharma, Biotech

Land	Börse	Index	Internetlink	Im Index enthaltene Branchen
England	London Stock Exchange	FTSE AIM All-Share — Health Care	www.londonstockex change.com → Investor Center → Prices → Indices → AIM → FTSE AIM All-Share — Health Care	
Frankreich	Paris; Euronext		www.euronext.com → Products & Prices → Indices → Sectorial Indices → Euronext Paris/Level 3 → CAC Pharma. & Bio.	Pharma, Biotech
Indien	Bombay; BSE		www.bseindia.com/ mktlive/mktwatch.asp → HC	Pharma, Biotech
Israel	Tel Aviv; TASE	Tel-Tech	www.tase.co.il → Market Data → Indices → Sector → Tel-Tech	Pharma, Biotech, Elektronics, Computers, Agro-Technology
Japan	Tokyo; TSE	TOPIX	www.tse.or.jp → Listed Company Information → Company Search → Category: Pharmaceutical	Pharma, Biotech,
Kanada	Toronto; TSX Group	S&P/TSX Capped Health Care	www.tsx.com → Market Aktivity → Sector Profiles → Indices → S&P/TSX Capped Health Care	Pharma, Biotech
Korea	Seoul; KRX	KRX Health Care	www.krx.co.kr → Listing & Disclosure → Look up → Pharmaceuticals, Health Care	Pharma, Biotech

Land	Börse	Index	Internetlink	Im Index enthaltene Branchen
Nordische Länder[1]	The Nordic Stock Exchange; OMX Group		www.omxgroup.com → Visit our Marketplaces → The Nordic Exchange → Price Information → Indexes → Market: Nordic All → List: Sector Index → N_Pharmaceuticals& Biotech_EUR_GI → N_Pharmaceuticals& Biotech_EUR_PI	Biotech, Pharma
Österreich	Wien; Wiener Börse	VIDX	www.wienerborse.at → Kurse & Statistiken → VIDX →vEnthaltene Werte	Technologie, Biotech
Schweiz	SWX	SWX Bio + Medtech	www.swx.com → Marktdaten → Indizes → SXI-Familie → sbiom	Healthcare, Biotech
Spanien	Madrid; Bolsa de Madrid		www.bolsamadrid.es → Indices → Indices Summary → Consumer Goods	Pharma, Biotech
USA	New York; NYSE	NYSE Health-care	www.nyse.com → Market Information → Indexes → Overview → NYSE Healthcare → Components	Healthcare, Biotech
USA	Nasdaq		www.nasdaq.com → Sector → Biotechnology	Biotech

[1] Nordische Länder: Finnland, Schweden, Dänemark, Island, Estland, Lettland und Litauen

Tab. 10.1: Internetzugang zu den an den wichtigsten Börsen gelisteten Biotech-Unternehmen

11 Trends in der Biotechnologie

In diesem Kapitel:

→ Weitere Trends aus Themen-, Länder- und Kapitalmarktsicht.

→ Schweiz und Indien: Länderbeispiele mit Biotech-Potenzial.

→ Langfristige Themen der Biotechnologie: Individuelle Medizin, Stamm-zellen, Gentherapie und Wirkstoffe aus Pflanzen.

→ Antikörper, Molekulare Diagnostik, Tumorvakzine und Proteomik sind im Kommen.

Den Abschluss sollen nun einige weitere Biotech-Themen bilden, die besondere Aufmerksamkeit verdienen – ohne einen Anspruch auf Voll-ständigkeit zu erheben.

11.1 Thementrends

Indikationen

Bei der Entwicklung neuer Medikamente stehen immer wieder die Zivi-lisationskrankheiten in den Industrienationen, mit einer hohen Anzahl Betroffener und mit funktionierenden Gesundheitsmärkten, an oberster Stelle. Zu den häufigsten Todesursachen gehören hier Herzkreislaufer-krankungen und Krebs, aber auch Diabetes, Adipositas, Infektionskrank-heiten und Autoimmunerkrankungen. Immer stärker geraten jedoch Medikamentenentwicklungen ins Blickfeld, die den Anforderungen einer alternden Bevölkerung Rechnung tragen. Darunter fallen Medikamente gegen Augenkrankheiten, aber auch gegen Alzheimer und Parkinson.

Wer hier die richtigen Trends aufspüren will, kann sich zum Beispiel beim Verband Forschender Arzneimittelhersteller informieren. Auf dessen Internetseiten, www.vfa.de, gibt es unter »Wer woran forscht« die Möglichkeit, die Forschungsschwerpunkte der Mitgliedsunternehmen – darunter auch viele weltweit agierende Pharma- und Biotech-Unternehmen – zu analysieren. Aber auch ein Besuch auf den Internetseiten des Bundesgesundheitsministeriums oder der Organisationen anderer führender Pharmanationen kann helfen. Wer täglich aufmerksam die Nachrichten in der Presse, im Fernsehen und im Internet verfolgt, erfährt bereits viel über bestimmte Krankheiten und die Größe der Patientenzahlen und kann so Nachrichten aus der Biotechnologie besser einschätzen.

Molekulare Diagnostik

Die zukünftige Diagnostik und die Einleitung vorbeugender Maßnahmen zur Umgehung teurer Behandlungskosten wird zunehmend auf der Genomebene des einzelnen Menschen stattfinden. Die molekulare Diagnostik ist ein Teilsegment der Diagnostik, genauer des In-vitro-Diagnostik-Marktes. In ihrem Rahmen werden die aus dem menschlichen Körper stammenden Blut-, Urin- oder Gewebeproben untersucht. Die Erkenntnisse des humanen Genomprojektes und das damit einhergehende zunehmende Verständnis biomolekularer Zusammenhänge ermöglichen es heute, Details über den Gesundheitsstatus einer Person aus ihren Erbanlagen – wie sie etwa in einem Blutstropfen enthalten sind – zu gewinnen.

Dabei geht es nicht nur um die Aufdeckung einer bereits Symptome zeigenden Krankheit, sondern gerade auch um Prognosen über die Eintrittswahrscheinlichkeit gravierender und nur teuer zu behandelnder Erkrankungen. Derzeit machen ein Test zur frühzeitigen Erkennung des Gebärmutterhalskrebs verursachenden humanen Papillomvirus (HPV) und die rechtzeitige Einleitung minimal invasiver Behandlungsmaßnahmen von sich reden. Die Kosten für einen solchen Test dürften 100 Euro kaum überschreiten. Gleichzeitig hilf er dabei, Operationen in Höhe von mehreren Tausend Euro pro Patient sowie falsche oder sogar schädliche Therapien zu vermeiden. Dieser enorme wirtschaftliche Nutzen ist auch der Grund für die guten Zukunftsaussichten des Diagnostikmarktes. Steigenden Gesundheitsausgaben kann so begegnet werden.

Bis vor kurzem war Roche Diagnostics noch unangefochtener Weltmarktführer. Jetzt hat sich jedoch das Dax-Schwergewicht Siemens durch Unternehmenszukäufe, wie zum Beispiel Bayer Diagnostics, nach vorn gespielt. Weitere große Marktteilnehmer sind die börsennotierten Abbott, Becton Dickinson, Beckman Coulter, bioMérieux und Sysmex. Aber noch andere Namen kleinerer Vertreter treten zunehmend ins Rampenlicht wie Qiagen – durch die Verschmelzung mit Digene –, Geneprobe, Luminex oder Genomic Health.

Wirkstoffe aus Pflanzen

Molecular Pharming oder Plant Made Pharmaceuticals (PMP) könnten die Grüne Biotechnologie aus ihrem europäischen Schattendasein herausführen, denn grundsätzlich gelten Pflanzen als preiswerte Produktionsorganismen für pharmazeutische Wirkstoffe. Diese extrahiert man nach der Ernte aus den Pflanzen. Theoretisch könnte man einige auch direkt durch den Verzehr des pflanzlichen Produkts verabreichen. So wurde zum Beispiel schon eine Banane mit integriertem Cholera-Impfschutz entwickelt. Allerdings gibt es in diesem Zusammenhang noch ungeklärte Fragen, etwa zur biologischen Sicherheit oder zur Dosierung.

Diese Art transgener Pflanzen sind quasi Chimären aus der Grünen und der Roten Biotechnologie. Freilandversuche treffen auf ähnliche Akzeptanzprobleme wie bei der Grünen Biotechnologie und tatsächlich sind hier Fragen, die die Verbreitung der Pflanzeneigenschaften durch Pollenflug betreffen, noch nicht abschließend beantwortet. In Deutschland gibt es bisher nur eine im Jahr 2006 genehmigte Freisetzung. Dabei geht es darum, die Eignung von Kartoffeln als Impfstoffproduzenten zu untersuchen.

Die Aktien solcher Unternehmen können sicher nur als spekulative Depotbeimischung für denjenigen gelten, der bereits über eine ausgereifte Biotech-Strategie verfügt. Heute sind die Möglichkeiten für Anleger ohnehin noch sehr beschränkt und eine Investition, auch nach dem Börsengang, noch auf Jahre hinaus ein Wagnis.

Unternehmen	Wirkstoff	Status	Internet
Biolex Inc., USA	alpha-Interferon gegen Hepatitis B und C in Phase I	privat	www.biolex.com
Cobento Biotech A/S, Dänemark	Protein für diagnostische Tests	privat	www.cobento.dk
Large Scale Biology Corporation, USA	Antikörper (Krebsimpfstoff) gegen Non-Hodgkin-Lymphome in Phase II	börsen-notiert	www.lsbc.com
Meristem Therapeutics LLC, Frankreich	Enzym (gastrische Lipase) gegen Cystische Fibrose und Pankreatitis	privat	www.meristem-therapeutics.com
Phytopharm, England	Pflanzenextrakte als Ausgangspunkt für Therapeutika gegen Parkinson und Alzheimer (Phase I und II)	börsen-notiert	www.phytopharm.com
Planet Biotechnology Inc., USA	Antikörper für Kariesprophylaxe und gegen Erkältung durch Rhinoviren in Phase II	privat	www.planetbio technology.com

Tab. 11.1: Eine Auswahl von Unternehmen im Bereich Molecular Pharming

Biokraftstoffe

Fragen zur Energie und die Verknappung petrochemischer Ressourcen sind zu Beginn des 21. Jahrhunderts die gesellschaftlichen Hauptthemen. Hier seien die Diskussionen um steigende Rohölpreise, geopolitisch motivierte Blockaden von Ölpipelines oder die auch politisch gewollte und in den Industrieländern entsprechend geförderte Umstellung auf Biokraftstoffproduktion beispielhaft genannt.

Dazu müssen wir Folgendes vorausschicken: Biokraftstoffe stammen weder – auch wenn dies das Wort Bio suggeriert – in allen Fällen aus biotechnischer Herstellung noch sind biotechnische Methoden in der Kraftstoffherstellung nur Zukunftsmusik. So stellt man Biodiesel zum Beispiel durch einen chemischen Prozess aus Pflanzenölen und Methanol her. Biotechnologie käme in diesem Fall erst ins Spiel, wenn man dabei transgene Pflanzen mit einem erhöhten Ölgehalt einsetzen würde. Anders verhält es sich bei der Herstellung von Bioethanol, das man enzymatisch aus der in der Biomasse enthaltenen Stärke über das Zwischenprodukt Zucker gewinnt. Hier dürfte auch bereits, etwa in den USA, ein hoher Anteil von transgenem Mais verwertet werden.

Um dem Wettkampf zwischen Lebensmittel- und Energieproduktion auf dem Acker zu entkommen, werden in Zukunft weitere Innovationen notwendig sein. Der BASF zufolge wird der weltweite Ölbedarf von 30 Milliarden Barrel im Jahr 2005 auf 41 Milliarden Barrel im Jahr 2030 steigen. Um lediglich 10 Prozent dieses Energiebedarfes durch nachwachsende Rohstoffe zu ersetzen, müsste man etwa 30 Prozent der im Jahr 2030 global verfügbaren Agrarfläche einsetzen. Dies erscheint unmöglich angesichts der Vorhersagen, dass die nutzbare Ackerfläche in naher Zukunft durch Erosion und Besiedlung im zweistelligen Prozentbereich abnehmen wird. Weltweit wurden im Jahr 2005 rund 35 Millionen Tonnen Bioethanol produziert; davon entfielen jeweils 35 Prozent auf die USA und auf Brasilien. Für die Herstellung eines Liters Bioethanol benötigt man dabei etwa die zwei- bis dreifache Masse Mais. Dies sind keine guten Aussichten für den in den letzten Jahren bereits drastisch gestiegenen Preis für Mais – nicht zuletzt vor dem Hintergrund, dass insbesondere die USA eine drastische Ausweitung der Produktion planen. Vielleicht ist dies der Impuls dafür, eher Rohstoffzertifikate zu erwerben, als in Aktien einschlägiger Unternehmen zu investieren.

Die moderne Biotechnologie kann hier jedenfalls in vielfacher Weise zu einer Effizienzsteigerung beitragen, zum Beispiel durch die Erhöhung des Ölgehalts in den Ölsaaten oder die Optimierung der Inhaltsstoffe durch einen gentechnischen Eingriff in das Erbgut der Pflanzen. Auch an einer verbesserten Verfügbarkeit von Biomasse wird weltweit geforscht, insbesondere am enzymatischen Abbau von Cellulose (Holz). So schloss sich die börsennotierte Diversa im Jahr 2007 mit dem Unternehmen Celunol zusammen, das durch den Einsatz spezieller Enzyme Bioethanol aus Holz gewinnen will. Dadurch will das Unternehmen vermeiden, dass es in Konkurrenz zu dem Lebensmittel Maisstärke tritt. Zu den vielen anderen Unternehmen, die auf diesem Gebiet aktiv sind, gehören die privaten Unternehmen Ceres aus den USA, Iogen Ottawa und Amyris Biotechnologies aus Kanada sowie Prokaria aus Island. Entscheidend für die Durchsetzungsfähigkeit verschiedener Biokraftstoffe am Markt wird letztlich im Einzelfall immer eine positive Energie- und Rohstoffbilanz bleiben.

Übrigens!

Biokraftstoffe sind nicht neu: Rudolph Diesel betrieb den Prototyp seines Motors mit Erdnussöl und Henry Ford, der Vater des Autos für Jedermann, den ersten Ford T mit Bioethanol. Heute geht es darum, die Prozesse mithilfe moderner Biotechnologie effizienter zu gestalten. Hätten Sie gewusst, dass der Ölmulti Shell bereits seit mehr als dreißig Jahren Biokraftstoffe herstellt? Dabei handelt es sich bisher vor allem um Bioethanol, hauptsächlich aus Brasilien und den USA. Seit dem Jahr 2006 kooperiert Shell auch mit Codexis, Inc., einem US-amerikanischen Biotech-Unternehmen. Codexis selektiert aus einer Vielzahl von Enzymen das für bestimmte chemische Reaktionen am besten geeignete, um so zu effizienteren Prozessen und einer besseren Produktausbeute zu gelangen, etwa bei der Biokraftstoffgewinnung aus nachwachsenden Rohstoffen (NaWa-Ro). Auch das Chemieunternehmen DuPont und der Ölkonzern BP gingen im Juni 2006 eine Kooperation zur Herstellung von Biobutanol und dessen Beimischung zu Normalbenzin ein.

Fallstudie Codexis

Codexis wurde im Jahr 2002 als hundertprozentige Tochter der börsennotierten Maxygen ausgegründet. Beide Unternehmen kann man der Weißen Biotechnologie zuordnen. Die vielfältigen Kooperationen von Codexis, etwa mit den Pharmaunternehmen Pfizer, Schering-Plough, Merck & Co. und Bristol-Myers Squibb, den Generikaherstellern Teva und Sandoz oder den Chemieunternehmen Cargill und Lonza dokumentieren einmal mehr die Einsatzbreite gentechnischer Servicetechnologien für verschiedene Anwendungen wie auch die Vernetzung und die Kooperationsbereitschaft der Branche. Codexis, das im Jahr 2005 die deutsche Jülich Fine Chemicals GmbH übernahm, ist noch im Privatbesitz, inzwischen aber mit mehr als 70 Mio. USD Wagniskapital ausgestattet: Eigenkapital, das die Kapitalgeber gern einmal über einen Börsengang mit hoher Rendite wieder aus dem Unternehmen herausholen möchten. Möglicherweise kommt hier bald ein interessanter neuer Börsenkandidat auf den Biotech-Investor zu. Ein Blick auf die ehemalige Muttergesellschaft Maxygen, die heute um die 10 USD notiert, könnte den Enthusiasmus allerdings etwas bremsen: Zur Jahrtausendwende lag ihr Kurs zwanzigmal höher.

Proteomik

Nach dem Genomik-Zeitalter ist die Proteomik-Ära angebrochen oder Proteomics folgt Genomics. Das sind Begriffe, die auf jeden Fall die Aufmerksamkeit des Anlegers erregen sollten. Das humane Genomprojekt offenbarte, dass der Mensch über weniger Gene verfügt, als die Wissenschaftler vermuteten. Die Vielfalt liegt in den Proteinen, deren Baupläne im Genom verschlüsselt sind. Das Proteom umfasst die Gesamtheit aller in einer Zelle oder in einem Lebewesen vorkommenden Proteine. In einem Menschen vermuten die Wissenschaftler etwas mehr als 20.000 Gene, davon rund 1.000 Krankheitsgene. Aufgrund der Natur und der Dynamik der Sache liegt die Zahl der Proteine um ein Vielfaches höher. Man kann sich also leicht vorstellen, dass in einem kranken Menschen eine ganz andere Verteilung, Konzentration und Modifikation von Proteinen vorherrscht als in einem gesunden Menschen. Ganz zu schweigen davon, wenn mehrere Leiden parallel auftreten. Unternehmen, die ihre Forschungsschwerpunkte auf die Automatisierung, die Analytik und die Handhabung von Proteinen legen, sind also allemal von Interesse.

In diesem Bereich ist die Miniaturisierung auf dem Vormarsch. Protein Biochips, auch Microarrays genannt, verfügen über ein großes Marktpotenzial. Sie helfen bei der effizienten Erfassung präklinischer Daten, bei der Entwicklung neuer Methoden im Miniformat, etwa in der Autoimmundiagnostik, oder bei der Austestung der Wirksamkeit von Antikörpern. Der Markt für Protein Biochips steht zwar erst am Anfang, ist jedoch das am schnellsten wachsende Teilsegment im Bereich Proteomics. An der Börse sind u.a. die Unternehmen Invitrogen und Whatman börsennotiert, beide aus den USA. Die englische Procognia und die deutsche Protagen sind noch nicht an der Börse. Doch auch die in diesen beiden Unternehmen investierten Venture Capitalists könnten einmal den Exit an der Börse suchen.

Antikörper

Die Erfolgsgeschichte der Antikörper als Medikamentenklasse begann Mitte der Siebzigerjahre, als die Wissenschaftler Georges Köhler und César Milstein die Herstellung monoklonaler Antikörper ermöglichten. Antikörper sind zunächst einmal körpereigene Proteine, die gegen in den Körper eingedrungene Fremdstoffe (Antigene – meist Proteine –, Zuckermoleküle oder Nukleotide) aktiv werden. Sie sind monoklonal, weil sie von identischen Antikörper produzierenden weißen Blutkörperchen gebildet werden. Ihre besondere Eigenschaft besteht darin, dass sie nur einen bestimmten Bereich eines Antigens erkennen. Dies kann natürlich auch ein bestimmtes Molekül sein, das entweder im Körper eine Krankheit verursacht, oder eines, das zur Produktion eines krankheitsverursachenden Stoffes anregt. Mit einem monoklonalen Antikörper gegen dieses Antigen (Stoff, Target, Biomolekül) ist also ein neues Medikament geschaffen.

Heute, im Jahr 2006, zählen einige Antikörper-Medikamente zu den am besten verkauften Biotech-Medikamenten, etwa Herceptin (Trastuzumab) gegen Brustkrebs (3,2 Mrd. USD Umsatz, Genentech), Rituxan (Rituximab) gegen das Non-Hodgkin Lymphom (2,1 Mrd. USD Umsatz, Genentech/Biogen Idec) oder Synagis (Palivizumab) gegen Infektionen (1,1 Mrd. USD Umsatz, MedImmune/AstraZeneca). Vor diesem Hintergrund steht Erbitux (Cetuximab) von Merck Serono gegen Krebs mit einem Umsatz von mehr als 400 Mio. Euro in 2006 wohl erst am Anfang.

Fallstudie Abbott

Humira war im Jahr 2002 das erste Medikament aus der Klasse der monoklonalen Antikörper, das mit einem weiteren speziellen Merkmal auf den Markt kam. Und zwar ist das Protein, das hinter Humira steht, völlig identisch mit dem menschlichen Eiweiß, also ein sogenannter humaner Antikörper. Der aktive Stoff hinter Humira heißt Adalimumab. Beachten Sie die Endung **mab** für monoclonal antibody, die stets ein Zeichen für einen Antikörper ist. Auf den Markt brachte das Medikament ein großes Pharmaunternehmen, die amerikanische Abbott. Zwei Dinge sind in diesem Zusammenhang bemerkenswert: Zum einen wurde Humira anfangs nur zur Behandlung Rheumatoider Arthritis zugelassen. Heute wird es auch gegen andere Krankheiten eingesetzt, wie zum Beispiel Morbus Crohn, eine chronisch entzündliche Darmerkrankung. Dies ist ein Phänomen, das häufig zu beobachten ist: Ein Wirkstoff wird nach der klinischen Prüfung in verschiedenen Medikamenten und gegen verschiedene Erkrankungen auf den Markt gebracht. Zum anderen ist Humira keine Entwicklung von Abbott. Die Wurzeln der Forschung liegen in der englischen Cambridge Antibody Technologies (CAT). CAT hatte seit Mitte der Neunzigerjahre ein Kooperationsabkommen mit Knoll Pharma, der ehemaligen Pharmasparte von BASF. Dieses Abkommen ging durch die Übernahme von Knoll durch Abbott auf die Amerikaner über. Im Jahr 2006 war Humira Abbotts Flagschiff mit einem Umsatz von über 2 Mrd. USD. Die Erfolgswege in der Biotech-Industrie sind also nicht immer linear. Übrigens: CAT wurde im Jahr 2007 mit MedImmune verschmolzen. Beide Biotech-Unternehmen wurden vom englisch-schwedischen Pharmakonzern AstraZeneca gekauft.

Name	Land	ISIN	Kurs zum 31.12.2007 in Euro
Genmab	DK	DK0010272202	41,06
Genentech	USA	US3687104063	46,03
ImClone	USA	US45245W1099	30,49
Medarex	USA	US5839161016	7,26
MorphoSys	D	DE0006632003	48,30

Tab. 11.2: Führende, auf Antikörper spezialisierte Biotech-Unternehmen

Übrigens!

Auch bei den Antikörpern zeigt sich die starke Verzahnung der verschiedenen Sektoren in der Biotechnologie. So gab das niederländische Chemieunternehmen DSM im März 2007, zusammen mit der ebenfalls börsennotierten niederländischen Crucell, die Entwicklung einer speziellen Humanzelllinie bekannt. Mit diesen Zellen können pro Liter Fermentationsbrühe mehr als zehn Gramm eines Antikörpers produziert werden. Dies ist eine immense Produktivitätssteigerung und kommt der steigenden Nachfrage nach Produktionskapazitäten entgegen. Auf den Aktienkurs der beiden Unternehmen hat sich diese perfekte Symbiose zwischen der Optimierung von Produktionszelllinien durch die Weiße Biotechnologie und der Produktion pharmazeutischer Antikörper kurzfristig allerdings noch nicht ausgewirkt. Biotechnische Entwicklungen brauchen eben Zeit. Aber das wissen Sie ja bereits.

Tumorvakzine

Zur Behandlung von Tumorerkrankungen erproben Wissenschaftler seit Jahren sogenannte Vakzine, um in Form einer Impfung eine gegen den Tumor gerichtete Reaktion des Immunsystems zu veranlassen. Nach lan-

Name	Land	ISIN	Kurs zum 31.12.2007 in Euro
LipoNova	D	DE000LNAG002	4,85
Dendreon	USA	US24823Q1076	4,48
Cell Genesys	USA	US1509211041	1,65
Progenics	USA	US7431871067	12,25
AVAX Technologies	USA	US0534953056	0,08
Antigenics	USA	US0370321095	1,40
MGI Pharma	USA	US5528801062	27,79
Pharmexa	DK	DK0015966592	2,30
Oxford Biomedica	GB	GB0006648157	0,32

Tab. 11.3: Auf Tumorvakzine spezialisierte Unternehmen

gen Jahren scheint die Technologie kurz vor dem Durchbruch zu stehen. So wurde die deutsche LipoNova auf der Fachmesse BIO 2007 für ihren innovativen Technologieansatz ausgezeichnet. Wettbewerber mit Phase-III-Produkten sind u.a. in den USA Dendreon, Cell Genesys (Prostata-krebs), Progenics, AVAX Technologies, Antigenics (Hautkrebs), MGI Pharma (Gebärmutterhalskrebs), in Dänemark Pharmexa (Bauchspeicheldrü-senkrebs) und in Großbritannien Oxford Biomedica (Darmkrebs).

Übrigens!

Die Nanobiotechnologie versucht den interdisziplinären Spagat zwischen der Nanotechnologie und der Biotechnologie. Diese Kombination biologischer Prinzipien auf der Ebene kleinster Teilchen und Strukturen im Bereich von einem milliardsten Meter (1 Nanometer = 10^{-9} Meter) steht allerdings erst am Anfang. Eines der Ziele ist es, biologische und elektronische Systeme zu koppeln, etwa bei den Biosensoren oder den Nanokabeln. In der Medizin wurden zum Beispiel radioaktive Nanopartikel entwickelt, die für eine zielgenaue Tumorbekämpfung eingesetzt werden sollen, wie die bereits vor etwa einhundert Jahren von Paul Ehrlich beschriebene Zauberkugel. Dabei ging es um ein Medikament, das selbständig den Krankheitsherd im Körper finden sollte. Ein weiteres Anwendungsgebiet sind die Biochips. Fazit: Wenn der Begriff Nano fällt, lohnt sich für Investoren das Zuhören, um mittelfristig an den Innovationen dieses Sektors teilzuhaben.

Stammzellen

Trotz steter Erfolge bleiben die Stammzellen ein Thema der Grundlagenforschung. Wissenschaftliche Erkenntnisse sind vorhanden, aber die wirtschaftliche Nutzung ist aufgrund restriktiver Gesetzgebungen und ethischer Bedenken ungewiss. Die Stammzellforschung erfuhr im Jahr 1998 einen abrupten Richtungswechsel, als es israelischen und amerikanischen Wissenschaftlern um Joseph Itskvitz-Eldor und James Thomson erstmals gelang, menschliche embryonale Stammzellen zu isolieren. Damit öffneten sie die Tür zum *therapeutischen Klonen* zu Forschungszwecken, mit dem fernen Ziel daraus neue Therapieverfahren zu entwickeln. So sollen in Zukunft einmal gezüchtete gesunde Körperzellen alte, Krankheiten auslösende Zellen ersetzen, um zum Beispiel die Alzheimersche Krankheit zu heilen oder menschliches Ersatzgewebe herzustellen. Prinzipiell besteht diese Möglichkeit, da embryonale Stammzellen die Fähigkeit besitzen, sich unter geeigneten Bedingungen in alle möglichen Arten von Zellen des Körpers zu entwickeln.

Regenerative Medizin (Tissue Engineering)

Deutschland gehört in der Forschung, was die Züchtung menschlichen Gewebes wie etwa Haut oder Knorpel betrifft, weltweit zu den führenden Nationen. Die wissenschaftliche Praxis hat bereits ein hohes Niveau erreicht. Hemmnisse bei der Umsetzung in Produkte ergeben sich derzeit durch die unklare Erstattungspraxis im Rahmen der Gesundheitssysteme, durch unnötig komplizierte Zulassungsverfahren sowie durch international weit variierende Bestimmungen. Diese Unwägbarkeiten und die damit verbundenen Markrisiken spiegeln sich auch in der traurigen Entwicklung der co.don-Aktie und dem Schicksal des einstigen Neue-Markt-Hoffnungsträgers biotissue technologies wider, der Insolvenz anmelden musste.

An Hautersatz zur Behandlung chronischer, offener Wunden (z.B. des diabetischen Fußes) oder Brandwunden, Zelltherapien zur Reparatur der Leber oder von Knorpel- und Knochendefekten sowie gezüchteten Herzklappen zur Behandlung von Herzinsuffizienzen besteht ein großer medizinischer Bedarf. Heute erfolgt die Generierung neuen Gewebes aus körpereigenen (autologen) Zellen oder (autogenen) Fremdzellen. Hier existiert also ein nicht unerhebliches Potenzial für den Einsatz von Stammzellen.

Gentherapie

Langfristig ruht auf der Gentherapie die Hoffnung, viele Erkrankungen an der Wurzel packen zu können. Die Idee dahinter ist: Gelingt es, ein defektes Gen in einer Zelle zu ersetzen, könnten auf diese Weise zum Beispiel genetisch verursachte Erbkrankheiten ausgemerzt werden. Trotz vereinzelter Erfolge in den letzten Jahren ist der umfassende Durchbruch jedoch noch nicht gelungen. Im Gegenteil – guten Anfangsresultaten folgten oft Hiobsbotschaften. Die Gentherapie darf deshalb hier als Platzhalter für viele andere Forschungsideen in der Bio- und Gentechnologie und ihren angrenzenden Bereichen dienen, bei denen Forscher und Investoren immer wieder viel Geduld aufbringen müssen.

In diesem Zusammenhang können wir auch einen Blick auf die hinter dem Medizinnobelpreis des Jahres 2006 steckende RNA-Interferenz oder kurz RNAi-Technik werfen. Diese Technik wird gerne auch als negative Gentherapie bezeichnet. Sie führte bereits zu einigen Unternehmensgründungen. Zu ihnen gehörte zum Beispiel die börsennotierte Alnylam Pharmaceuticals oder die inzwischen von Merck übernommene, ehemals börsennotierte Sirna Therapeutics. Hinter der RNA-Interferenz steckt die Hoffnung, eine neue Klasse von Medikamenten zu entwickeln, ähnlich denen der Antikörper. Mithilfe der RNA-Moleküle werden einzelne Gene ausgeschaltet und damit auch die Produktion der Proteine gehemmt, die durch diese Gene codiert werden. Im Labor gehört diese Technik schon zum Alltag. Der Weg zu neuen Medikamenten ist aber noch weit.

Individuelle Medizin

Das Ziel dieser Medizin ist es, Medikamente auf die individuellen Bedürfnisse kleiner Patientengruppen oder sogar einzelner Patienten abzustimmen. Nach der Entzifferung des humanen Genoms wächst immer mehr die Hoffnung, für einzelne Menschen maßgeschneiderte Wirkstoffe entwickeln zu können, die zum genetischen Code des jeweiligen Individuums passen. Dabei tauchen zwei Begriffe auf: Zum einen die Pharmakogenomik, die die Anwendung gentechnischer Methoden in der Medikamentenentwicklung beschreibt, und zum anderen die Pharmakogenetik, die das Studium genetischer Variationen und ihrer Wechselwirkungen mit Medikamenten umfasst. Eng verbunden mit dieser Entwicklung ist die molekulare Diagnostik. Hier spielt der Begriff companion diagnostics hinein, denn inzwischen gibt es Medikamente wie den Antikörper Herceptin, der nur bei einem bestimmten Typus des Brustkrebses bei Frauen wirkt. Mit dieser Art begleitender, auf das Medikament und seine Wirkung abgestimmter, diagnostischer Messmethoden wird vor der Verschreibung die Zugehörigkeit zur richtigen Patientengruppe bestimmt. Die individuelle Medizin birgt langfristige Anlegerpotenziale.

Neue Materialien

Neue Werkstoffe sind immer ein heißes Thema. Nicht zuletzt aufgrund der endlichen Ölreserven forschen Wissenschaftler im Biosektor nach alternativen Rohstoffen und Herstellungsmethoden. Stellen Sie sich vor, es gelänge mittels einer Fermentation, die Proteine herzustellen, die Spinnen für ihre Fäden verwenden! Spinnenfäden sind stärker als Stahl und elastischer als Gummi. Diese Kombination aus Dehnbarkeit, Reißfestigkeit und Zähigkeit ist unübertroffen. Ein solches Ziel ist keine Illusion. Weltweit arbeiten bereits einige Unternehmen an seiner Realisierung. Da die Zulassung neuer Materialien nicht so schwierig ist wie die neuer Medikamente, könnte auf diesem Gebiet sogar ein junges Unternehmen einen Durchbruch erzielen.

Übrigens!

Sehr viel mit Biologie, aber so gut wie nichts mit Biotechnologie hat die Disziplin Bionik zu tun. Dieses Kunstwort setzt sich aus den Begriffen Biologie und Technik zusammen. Die Bionik befasst sich mit der technischen Umsetzung biologischer Gesetzmäßigkeiten lebender Systeme in die unbelebte Materie, um sich so Konstruktions-, Verfahrens- und Entwicklungsprinzipien nutzbar zu machen. Bionik heißt »von der Natur lernen«. Das bekannteste Beispiel ist der sogenannte Lotuseffekt: Dahinter verbirgt sich die Entwicklung selbstreinigender Oberflächen nach dem Prinzip der wasserabweisenden Wirkung der Lotusblätter.

Unser Tipp!

Surfen Sie einmal auf den Seiten der Forschungsministerien. Alle geförderten Bereiche bergen Ansatzpunkte für mögliche interessante Trends: Diese können allerdings zum Teil sehr langfristig ausgerichtet sein.

11.2 Ländertrends

Wie wir bereits gesehen haben sind die USA aufgrund von Quantität und Qualität der weltweit führende Biotechnologie-Markt und in Europa mischt England, vor allem in der Roten Biotechnologie, ganz vorn mit. An dieser Stelle erfahren Sie, warum sich auch ein Blick in die Schweiz und nach Indien lohnt.

Schweiz

Bezogen auf ihre rund 7,5 Millionen Einwohner ist die Schweiz das Land mit der höchsten Dichte an Biotech-Unternehmen. Über 130 Unternehmen widmen sich der biotechnischen Forschung. Die SWX Swiss Exchange profiliert sich seit Jahren als Biotech-Börse und listet derzeit unter dem Etikett Pharmaceuticals & Biotechnology 16 Unternehmen, darunter das Pharmaschwergewicht Novartis. Außerdem zieht sie nicht nur heimische, sondern auch ausländische Unternehmen an: So sind hier mit BioXell, Cosmo Pharmaceuticals und Newron Pharmaceuticals gleich drei italienische Biotech-Unternehmen und die amerikanische BioMarin notiert.

Im Jahr 2006, in einer Zeit als der Nasdaq-Biotech-Index gerade einmal um ein Prozent zulegte, erwiesen sich viele Schweizer Biotech-Unternehmen als unschlagbar. Auffälligerweise befassten sich viele der Unternehmen mit der Medikamentenentwicklung. Dies wiederum lag möglicherweise daran, dass eine beträchtliche Zahl Schweizer Biotech-Unternehmen aus großen Pharmakonzernen ausgegründet wurden: Speedel im Jahr 1998 aus Novartis oder Basilea im Jahr 2000 und Bioxell im Jahr 2002 aus dem Roche-Konzern. Diese Unternehmen starteten dann in der Regel mit einer patentgestützten Medikamentenentwicklung in einer bereits fortgeschrittenen Phase sowie einem Team von Experten, das die Entwicklung bereits in der Muttergesellschaft lange Jahre betrieben hatte. Doch keine Regel ohne Ausnahme, wie die im Jahr 1995 aus der Eidgenössischen Technischen Hochschule in Zürich ausgegründete Cytos zeigt. So oder so, die Schweiz sollte Biotech-Investoren immer einen Blick wert sein.

Unternehmen	Geschäftsfeld	ISIN	Kurs zum 31.12.2007 in Euro
Actelion*	Herzkreislauf- und Stoffwechselerkrankungen	CH0010532478	33,00
Arpida*	Infektionen	CH0021218067	12,14
Basilea*	Infektionen, Haut- und Pilzerkrankungen	CH0011432447	131,31
BB Biotech	Beteiligungsgesellschaft	CH0001441580	51,35
Cytos*	chronische Krankheiten, z.B. Atemwege	CH0011025217	51,13
Speedel*	Herzkreislauf- und Stoffwechselerkrankungen	CH0021483885	78,88

Medikamentenentwickler

Tab. 11.4: Eine Auswahl Schweizer Biotech-Unternehmen

Indien

Der Subkontinent gilt mit seinen fast zweistelligen Zuwachsraten beim Bruttoinlandsprodukt als eine der weltweiten Boomregionen. Zu den Branchen, die dazu beitragen, gehört auch die Gesundheitsindustrie. Indische Unternehmen tummeln sich zum Beispiel verstärkt auf dem Markt für Generika und gehen weltweit auf Einkaufstour, um sich zügig in die Weltliga der Pharmaunternehmen vorzuarbeiten. So verleibte sich zum Beispiel Dr. Reddy's Laboratories im Jahr 2006 die deutsche betapharm ein. Auch das größte indische Pharmaunternehmen Ranbaxy Laboratories griff in Europa beherzt zu und erwarb Generikasparten und Lizenzen. Außerdem bringt man indische Unternehmen immer wieder mit Gerüchten in Verbindung, wenn es um Biotech-Unternehmensverkäufe geht.

Der Sprung in die Biotechnologie liegt also nahe, zumal sich Dr. Reddy's und Ranbaxy nicht nur mit den kleinen chemischen Molekülen bei den Nachahmerpräparaten aufhalten, sondern ganz bewusst auch auf Biosimilars setzen. Dr. Reddy's hatte mit dieser Strategie Erfolg und konnte im Jahr 2007 mit Rituximab den ersten generischen monoklonalen Antikörper zulassen. Ein indisches Unternehmen, das sich jedoch eher in die Phalanx anderer biopharmazeutischer Unternehmen einreihen lässt, ist die seit 2004 an der Börse notierte, profitable und als voll integriertes Pharmaunternehmen agierende Biocon, die vom Umsatz her unter den weltweit führenden 20 Biotech-Unternehmen rangiert. Zu ihren Produkten zählen Antikörper gegen Krebs, EPO zur Anregung der Bildung roter Blutkörperchen und Insulin zur Diabetes-Behandlung.

Für passionierte Biotech-Börsianer lohnt es sich also einen Blick auf indische Unternehmen zu werfen, auch wenn die Informationen zum Teil nicht einfach zu beschaffen sind und man die Aktien, wie bei Biocon, zum Teil nur an der Nasdaq oder im Heimatland beziehen kann. Von einem Land, das bereits heute ein Drittel des weltweit produzierten Impfstoffs herstellt, darf man jedenfalls noch viel erwarten.

11.3 Kapitalmarkttrends

Mergers & Acquisitions

In Biotech-Unternehmen zu investieren und auf eine Übernahme zu spekulieren ist sicher nicht als Anlagestrategie zu empfehlen. Obwohl Unternehmensverschmelzungen und -übernahmen in der Biotech-, Pharma- und Diagnostikbranche nicht selten sind und durchaus zu deutlichen Kursausschlägen auf beiden Seiten führen können, sind sie unwägbar. Ihre Mechanismen sind jedoch mit denen anderer Branchen identisch.

Da die Anleger erwarten, dass ein interessierter Unternehmenskäufer einen Aufschlag auf den aktuellen Börsenkurs bieten wird, um die Aktionäre zum Verkauf zu bewegen, werden viele Investoren nach der Ankündigung einer Übernahme die Aktien des Zielunternehmens kaufen und so den Kurs in die Höhe treiben. Zeigen auch noch andere Unternehmen Interesse an einer Übernahme, können sich regelrechte, den Kurs treibende Übernahmeschlachten entwickeln. Anders sieht es dagegen oft bei den Aktien des Käuferunternehmens aus. Je höher der Aktienkurs des Zielunternehmens steigt, desto teurer wird die Übernahme. Dies belastet in der Regel den eigenen Aktienkurs. Zuweilen sind es jedoch nicht einmal konkrete Übernahmeangebote, die Einfluss auf die Aktienkurse nehmen, sondern bereits der Wille zum Kauf oder sogar nur Gerüchte genügen.

So stiegen zum Beispiel die Aktien von MedImmune im April 2007 an einem Tag um fast 12 Prozent, nachdem das Unternehmen bekannt gegeben hatte, die Investmentbank Goldman Sachs solle den Verkauf des Unternehmens prüfen. Der Schuss kann für einen Anleger aber auch nach hinten losgehen, wenn er erst nach einer solchen Ankündigung einsteigt. Als sich Biogen Idec im Oktober 2007 zum Verkauf anbot, schossen die Aktien nachbörslich auf über 81 USD. Als dann nur zwei Monate später die Käufersuche eingestellt wurde, stürzte die Aktie auf 55 USD ab.

 ## Unser Tipp!

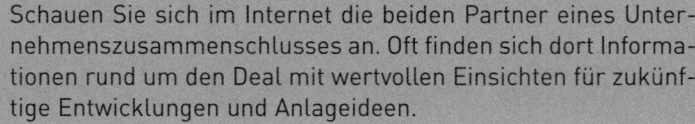 Schauen Sie sich im Internet die beiden Partner eines Unternehmenszusammenschlusses an. Oft finden sich dort Informationen rund um den Deal mit wertvollen Einsichten für zukünftige Entwicklungen und Anlageideen.

Venture-Capital-Finanzierungen

Sie wollen nicht auf fahrende Züge aufspringen, sondern fragen sich frühzeitig, wer die nächsten Börsenkandidaten sind? Diese treten natürlich auf den Plan, sobald die konsortialführende Bank mit dem Unternehmen an die Öffentlichkeit tritt. Doch in den sechs bis acht Wochen auf dem Weg zum Börsengang bleibt wenig Zeit, das Unternehmen, seine Technologie und seine Produkte und Dienstleistungen – und damit die Chancen und Risiken eines Investments – abzuwägen. Besser ist es also, schon früher einen Blick auf potenzielle Börsenkandidaten zu werfen.

Alle Biotech-Unternehmen, in denen Wagniskapitalgeber – auch als Venture Capitalists (VCs) bezeichnet – mit Eigenkapital investiert sind, können potenzielle Börsenkandidaten sein: Der Börsengang ist als Exit, sprich Weiterverkauf der vom VC gehaltenen Aktien, immer noch der Königsweg, der hohe Renditen verspricht.

Wer sich also für ein langfristiges Engagement interessiert und selbst zum Stock Picking neigt, findet auf den Internetseiten der in die Biotechnologie investierenden VCs potenzielle zukünftige Börsenkandidaten. Eine weitere Fundgrube sind auch die Portfolios der sogenannten Business Angels. Zu diesen reichen Unternehmern, die zurzeit in großem Stil Kapital und Wissen in die Biotechnologie und den Pharmabereich investieren, gehören die Gründer von Hexal, Andreas und Thomas Strüngmann. Vorzeigeinvestor ist allerdings der Gründer des Softwaregiganten SAP, Dietmar Hopp. Folgende durch Venture Capital finanzierte Unternehmen könnten für Sie in Deutschland u.a. von Interesse sein: Brain (Weiße Biotechnologie), Direvo Biotech (Weiße Biotechnologie, Biopharmazeutika), Elbion (Small Molecules gegen Infektionen), Ganymed Pharmaceuticals (Antikörper gegen Krebs) oder Immatics biotechnologies (Krebsmedikamente).

 Unser Tipp!

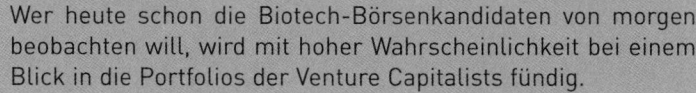
Wer heute schon die Biotech-Börsenkandidaten von morgen beobachten will, wird mit hoher Wahrscheinlichkeit bei einem Blick in die Portfolios der Venture Capitalists fündig.

Nachwort

Das ist also Biotechnologie? Ja, wie sie am Kapitalmarkt in Erscheinung tritt. Haben Sie aktuelle Daten oder viele konkrete Aktientipps vermisst? Dann glauben Sie uns bitte Folgendes: Das Erste kann ein Buch nicht leisten und dem Zweiten haben sich die Autoren verweigert.

Wir sind davon überzeugt, dass sich mit Biotech-Aktien gutes Geld verdienen lässt. Darüber darf die eine oder andere kritische Anmerkung nicht hinwegtäuschen. Allerdings muss man immer die zwei Seiten einer Medaille betrachten oder kurz gesagt: Wo Licht ist, ist auch Schatten.

Das vorliegende Buch ist ein Blick hinter die Kulissen der Biotechnologie. Nutzen Sie die hier erhaltenen Brancheninformationen, um selbständig ihre Anlageentscheidungen zu treffen.

Halten Sie sich an das, was vermutlich Börsenaltmeister André Kostolanyi getan hätte, wenn er zu Lebzeiten die Biotech-Branche für sich entdeckt hätte: Legen Sie sich nur gute Biotech-Aktien in Ihr Depot und legen Sie sich dann schlafen. Und hören Sie auf einen der derzeit erfolgreichsten Beteiligungsmanager, auf Warren Buffet, der Ihnen folgenden Rat geben würde: Investieren Sie nur in Biotech-Unternehmen, deren Geschäftsmodell Sie verstehen.

Wir wünschen Ihnen jedenfalls viel Freude an der Biotechnologie.

Holger Bengs
Mike Bayer

Zeittafel

1953 James Watson und Francis Crick klären die räumliche Molekular-struktur der DNA-Doppelhelix auf und schaffen so die Basis für die moderne Molekulargenetik. 1962 erhalten sie zusammen mit Mau-rice Wilkens den Nobelpreis für Medizin.

1966 Har Gobind Khorana, R. W. Holley und Marshall W. Nirenberg ent-schlüsseln den genetischen Code und erhalten alle 1968 den Nobelpreis für Medizin.

1968 Werner Arber entdeckt die Restriktionsenzyme. Er erhält 1978 den Nobelpreis für Medizin.

1969 Jonathan Beckwith isoliert das erste Gen aus einem Bakterium.

1972 Paul Berg gelingt es, mithilfe von Enzymen DNA zu zerschneiden und wieder zum ersten vollständig rekombinanten DNA-Molekül zu verbinden. 1980 erhält er den Nobelpreis für Chemie.

1973 Stanley Cohen, Nobelpreisträger für Medizin 1986, und Herbert Boyer fügen DNA-Abschnitte in bakterielle Plasmide und nutzen diese als Genfähren zum Transport von Fremd-DNA.

1975 Georges Köhler und Cesar Milstein, beide Nobelpreisträger für Medizin 1984, entwickeln die Hybridoma-Technik zur Herstellung monoklonaler Antikörper.

1976 Herbert Boyer und der Venture Capitalist Robert Swanson gründen in San Francisco das erste Biotech-Unternehmen der Welt: Genen-tech. Hier erfolgt die erste Produktion von Humaninsulin.

1977 Frederick Sanger entwickelt eine leistungsfähige Methode zur DNA-Sequenzierung. 1980 erhält er den Nobelpreis für Chemie.

1978 Walter Gilbert, Nobelpreisträger für Chemie 1980 und Mitgründer von Biogen, erkennt, dass sich die Gene höherer Organismen aus codierenden und nicht-codierenden Abschnitten zusammensetzen.

1980 Jozef Schell und Marc van Montagu transferieren erstmals Fremd-DNA in Pflanzenzellen.

1981 Ananda Chakrabarty von General Electric erhält das erste Patent für einen gentechnisch veränderten Organismus: Das Bakterium *P. aeruginosa* soll Rohöl abbauen.

1982 Die FDA lässt rekombinantes Insulin, entwickelt von Genentech, als erstes gentechnisch hergestelltes Medikament zu.

1983 Kary Mullis, Nobelpreisträger für Medizin 1993, erfindet die Polymerase-Kettenreaktion (PCR = polymer chain reaction).

1984 Alec Jeffreys entwickelt den genetischen Fingerabdruck, mit dem Sequenzvariationen im Genom zweier Organismen verglichen werden können.

1985 Nachdem man die Humaninsulintechnologie an Eli Lilly auslizenziert hatte, wird Genentech doch noch das erste Biotech-Unternehmen mit einem eigenen Produkt: einem humanen Wachstumshormon.

1988 Philip Leder und Timothy Stewart von der Harvard University erhalten das erste Patent für ein gentechnisch verändertes Säugetier, eine transgene Maus, die als Modellorganismus für die Untersuchung von Tumorkrankheiten dient.

1990 Offizieller Start des internationalen Humangenomprojekts.

1990 French Anderson führt die erste Gentherapie am Menschen durch.

1993 In den USA schließen sich zwei Verbände zur Bioindustry Organization BIO, der größten unabhängigen Biotech-Industrievereinigung der Welt, zusammen.

1994 In den USA kommen gentechnisch veränderte Tomaten in die Supermärkte, in Großbritannien ein Tomatenmark aus transgenen Pflanzen.

1995 In Deutschland startet der BioRegio-Wettbewerb zwischen 17 Regionen. Die drei Gewinnerregionen erhalten jeweils 50 Mio. DM Fördermittel vom Bund.

1996 Ein internationales Gemeinschaftsprojekt schließt die Sequenzierung des ersten Genoms eines höheren Organismus ab, die der Bierhefe *Saccharomyces cerevisiae*.

1997 Ian Wilmut aus Schottland überrascht die Welt mit dem Klonschaf Dolly.

Übrigens!

Dolly war weltweit das erste Säugetier, das durch Klonen eines erwachsenen Tieres entstand. Die Forscher widerlegten durch den Transfer des Kerns einer Euterzelle in eine entkernte Eizelle das bis dahin gültige Dogma, dass sich eine ausdifferenzierte, also vollständig spezialisierte, Säugetierzelle nicht mehr in ihrem Zellschicksal verändern lässt. Die Arbeiten lösten eine heftige ethische Debatte über die Gentechnik aus, obwohl es sich hier um ein rein zellbiologisches Experiment handelte. Der Begriff »klonen« führt häufig zur Verwirrung, da er doppelt belegt ist. Neben dem Zellkerntransfer, wie er hier beschrieben ist, entstehen auch bei der Zellteilung von Mikroorganismen in der biotechnischen Produktion identische Klone dieser Mikroorganismen. Sie werden dabei während einer Fermentation vermehrt.

1998 Craig Mello und Andrew Fire, beide Nobelpreisträger für Medizin 2006, zeigen, dass kleine doppelsträngige RNA-Moleküle selektiv Gene in *Caenorhabditis elegans* (Fadenwurm) »ausschalten« können. Das Phänomen wird als RNA-Interferenz (RNAi) bezeichnet.

1998 Israelischen und amerikanischen Wissenschaftlern um Joseph Itskvitz-Eldor und James Thomson gelingt es erstmals, menschliche embryonale Stammzellen zu isolieren.

2000 Die Human Genome Organization und das Unternehmen Celera stellen die erste Arbeitsversion des Humangenoms vor.

2003 Karin Hübner und Hans Schöler gelingt die Herstellung von Eizellen aus embryonalen Stammzellen von Mäusen im Reagenzglas.

2004 99 Prozent der drei Milliarden Basenpaare umfassenden Erbsubstanz sind mit einer Genauigkeit von 99,999 Prozent entziffert.

Übrigens!

Ein erstaunliches Ergebnis ist die Zahl von 20.000 bis 25.000 ermittelten Genen. Noch vor kurzem hatten die Wissenschaftler mit 30.000 bis 40.000 Genen gerechnet und wenige Jahre zuvor war diese Zahl noch auf über 100.000 geschätzt worden. Ein weiterer Beweis dafür, dass die Vielfalt des Lebens vor allem auf der wesentlich höheren Komplexität der durch die Gene codierten Proteine beruht.

2006 Es erfolgt die weltweit erste Zulassung eines Biosimilars (Omnitrop) durch die FDA.

2007 Mario Capecchi, Oliver Smithies und Martin Evans erhalten den Nobelpreis für Medizin für ihre Entwicklung der Knock-out-Mäuse, bei denen bestimmte Erbanlagen ausgeschaltet und so neue Medikamente gezielt untersucht werden können.

2007 Innerhalb von nur zwei Monaten wird das Genom des DNA-Entdeckers James Watson sequenziert.

2008 Wissenschaftlern der Stemagen Corporation, USA, gelingt die Herstellung menschlicher Stammzellen aus Hautzellen.

Weitere geschichtliche Details zur Entwicklung der Biotechnologie lesen Sie in Kapitel 2.

Glossar

Für alle, die einen anderen Blickwinkel auf die Biotechnologie haben möchten als den der OECD (Kapitel 2), hier noch ein paar nützliche Definitionen. Dabei zeigt sich die ganze Vielfalt der »biotechnischen Betrachtungsweisen« mit all ihren Nuancen.

1. Definitionen

Biologie
Lehre und Wissenschaft vom Leben des Menschen (Anthropologie), der Tiere (Zoologie), der Pflanzen (Botanik) und der Mikroorganismen (Mikrobiologie). *Quelle: Römpp Chemie-Lexikon*

Biotechnologie
Die Erforschung und Anwendung natürlicher und modifizierter biologischer Systeme und ihrer Komponenten sowie daraus abgeleiteter Verfahren zum Zwecke einer technischen oder praktischen Nutzung.
Quelle: Biocom AG

Moderne Biotechnologie
Alle innovativen Methoden, Verfahren oder Produkte, die die wesentliche Nutzung von lebenden Organismen oder ihrer zellulären und subzellulären Bestandteile beinhalten und dabei im Rahmen eines ursächlich verständnisbasierten Ansatzes von Erkenntnissen der Forschung auf den Gebieten Biochemie, Molekularbiologie, Immunologie, Virologie, Mikrobiologie, Zellbiologie oder Umwelt- und Verfahrenstechnik Gebrauch machen. *Quelle: Ernst & Young*

Biotech

Synomym eines Industriezweiges, der Mitte der Siebzigerjahre in den Vereinigten Staaten seinen Ursprung hatte und maßgeblich auf der Entwicklung der Technologien beruht, Erbsubstanz spezifisch zu schneiden, neu zu kombinieren und schnell zu analysieren. Der Begriff steht in Zusammenhang mit dem Erkenntnisgewinn aus der Kombination biotechnischer Methoden und den Errungenschaften der Gentechnologie sowie den Fortschritten in der Miniaturisierung, der Automatisierung, der Analytik und der Daten- und Informationsverarbeitung bei der Entschlüsselung der Erbanlagen (Genome). Er spiegelt das Potenzial wider, das daraus resultierende Wissen zur Verbesserung der Lebensqualität in den Bereichen Pharmazie, Ernährung/Landwirtschaft und Industrie/Umwelt einzusetzen.

Quelle: Die Autoren, Biotech Media GmbH, 2000

2. Weitere fachliche Stichworte und ihre Erläuterungen in alphabetischer Reihenfolge:

Antibiotikum

Medikament zur Behandlung von Infektionskrankheiten, die durch bakterielle Erreger verursacht werden, wie Keuchhusten, Tetanus oder Tuberkulose.

Autoimmunkrankheit

Krankheiten, die durch den Angriff des Immunsystems auf körpereigenes Gewebe entstehen, wie etwa Rheumatoide Arthritis, Multiple Sklerose oder Colitis ulcerosa.

Bakterium

Einzelliges Lebewesen ohne echten Zellkern. Zu den Bakterien gehören zahlreiche Erreger von Infektionskrankheiten wie Tuberkulose oder Cholera.

Biopharmazeutikum
Medikament mit einem Wirkstoff, der mithilfe eines Organismus produziert wird anstatt durch chemische Synthese.

Biotechnologie
Anwendung von Wissenschaft und Technik auf lebende Organismen.

DNS oder DNA
Desoxyribonukleinsäure (Deutsch) oder deoxyribonucleic acid (Englisch), Träger der Erbinformation.

Enzym (Biokatalysator)
Eiweißstoffe (Proteine), die eine chemische Reaktion beschleunigen.

Fermentation
Biotechnische Umsetzung von Stoffen mittels Mikroorganismen.

Gentechnologie
Sammelbegriff für verschiedene molekularbiologische Techniken.

Impfung
Vorbeugende Maßnahme gegen Infektionskrankheiten durch Stimulierung des Immunsystems.

Kit, diagnostisches Kit
Baukasten mit chemischen Stoffen, mit deren Hilfe man prüfen kann, z.B. in einem Blutstropfen, ob eine Krankheit vorliegt.

Medikament
Bestimmte Menge eines pharmazeutischen Wirkstoffs in einer Rezeptur, dargereicht als Tablette, Injektion, Salbe oder in einer anderen Form (galenische Formulierung).

Mikroorganismus
Auch Mikroben: häufig einzellige Lebewesen wie Bakterien, Hefen, Pilze oder Algen.

Molekül
Kleinste Einheit mit den Eigenschaften des zugrunde liegenden Stoffes.

Pharmazie
Wissenschaft, die sich mit der Entwicklung, Herstellung, Beschaffenheit, Wirkung, Prüfung und Abgabe von Medikamenten befasst.

Pipeline
Auch Medikamentenpipeline: die Gesamtheit aller sich in unterschiedlichen Entwicklungsstadien befindlichen Medikamentenprogramme eines Unternehmens

Polymere
Auch: Kunststoffe; miteinander verknüpfte, gleichartige, chemische Bausteine (Monomere) – wie Perlen auf einer Schnur – etwa zur Verwendung in Fasern (z.B. Textilien) und Folien (z.B. Tragetaschen).

Stammzellen
Körperzellen, die nicht ausdifferenziert, ihre Verwendung also noch offen ist: Pluripotente Zellen können noch jeden Zelltyp bilden. Totipotente Zellen können darüber hinaus den ganzen Organismus bilden.

Stoff
Auch Chemikalie: Ein chemischer Stoff besteht aus gleicher Materie, ist von regelmäßiger Beschaffenheit und eindeutig durch seine Eigenschaften charakterisiert.

Tissue Engineering
Gewebezüchtung aus lebenden Zellen außerhalb des Organismus.

transgen
Bezeichnet einen Organismus mit fremder DNA.

Virus
Biologisches System, das über Erbsubstanz, nicht aber über Zellen verfügt und somit auf Zellen anderer Lebewesen angewiesen ist.

Wirkstoff
Chemischer oder biologischer Stoff, der zur Vorbeugung, Abschwächung oder Heilung einer Erkrankung als Medikament verabreicht wird.

3. Glossare im Internet

3.1 Biotech-Begriffe

Wem unsere kurze Stichwortliste nicht reicht, der findet im World Wide Web weitere Erklärungen. Folgende Internetadressen können wir Ihnen empfehlen. Auch die börsennotierten Gesellschaften bieten auf ihren Internetseiten häufig Erläuterungen rund um die Fachbegriffe, die für ein besseres Verstehen des jeweiligen Geschäftsfeldes wichtig sind.

www.bio.org
Der weltgrößte Biotech-Verband BIO in den USA hält ein umfangreiches Glossar im Internet parat – selbstbewusst wie die US-Amerikaner sind, selbstverständlich nur in Englisch.

**www.biotechnologie.de/bio/generator/Navigation/
Deutsch/Service/glossar.html**
Mehr als 200 Begriffe zur Biotechnologie, detailliert beschrieben.

www.biolab-bw.de/Glossar.63.0.html#215
Mehr als 200 Begriffe zur Biotechnologie, detailliert beschrieben.

http://biotechterms.org/sourcebook/index.phtml
Sehr umfangreiche Sammlung mit mehr als 1.000 Begriffen zur Biotechnologie, wahlweise in alphabetischer Reihenfolge oder mit Suchfunktion, leider nur in Englisch.

www.europabio.org/bi_glossary.htm#G
Mehr als 300 Begriffe zur Biotechnologie in Englisch.

www.wikipedia.de
Es ist immer wieder erstaunlich, was die von allen Internetteilnehmern gestaltete Online-Enzyklopädie bietet. Doch wie immer sollten Sie aufmerksam lesen und wichtige Informationen durch eine zweite Quelle überprüfen. Dies ist bei der Aktienanlage ohnehin ein grundlegendes Prinzip.

Wer es lieber in gedruckter Form möchte, wirft am besten einen Blick in die Geschäftsberichte börsennotierter Biotech-Unternehmen oder stöbert einmal auf den Internetseiten der großen Pharmaunternehmen. So können Sie sich zum Beispiel vom Pharmaunternehmen Roche ein Nachschlagewerk im Taschenformat (»Der kleine Roche«) gratis bestellen, unter *www.roche.com.*

3.2 Kapitalmarktbegriffe

In Deutsch:

www.handelsblatt.com/news/Default.aspx?_p=300195&_t=ft&_b=893182

www.geld-welten.de/glossar/a-wie-aktienindex.html

www.netcons.net/a.html

www.commerzbank.de/de/metanavigation/glossar/uebersichtsseiten/uebersicht_a.html

In Englisch:

www.duke.edu/~charvey/Classes/wpg/bfglosl.htm

www.investorwords.com

Übrigens!

Achten Sie als fachkundiger Anleger in der Biotechnologie auf die sachgemäße Verwendung biotechnischer Begriffe. So mag ein Buchstabendreher im Markennamen eines Medikamentes nur ein einfacher Schreibfehler sein, wer aber von »DANN-Molekülen« liest, die der unwissende Redakteur nicht als Autokorrektur der Textverarbeitungssoftware erkennt und dadurch die Erbsubstanz DNA entstellt, muss bereits hellhörig werden. Der nicht vorhandene Sachverstand macht sich jedoch spätestens bei: »Das Unternehmen geht mit einem neuen Medikament in die klinische Phase 111« (einhundertelf), bemerkbar. Mehr als die Phase III, sprich »drei«, gibt es nun wirklich nicht. Alles nur ausgedacht? Mitnichten! Dies sind nur wenige Beispiele aus den Boomzeiten des Neuen Marktes um die Jahrtausendwende, als sogar reich bebilderte Tageszeitungen auf der Titelseite über Biotech-Aktien berichteten und vermeintliche Börsengurus die Branche mit 1.000-Euro-Parolen nach oben katapultierten. So mancher, ebenfalls unwissende Biotech-Investor wurde nach dem steilen Anstieg durch den nachfolgenden Sturzflug mit in die Tiefe gerissen.

Quellen

Übrigens!

Die Biotech-Industrie ist eine weltweit agierende Industrie. Genauso wenig wie Umweltprobleme, Ernährungsfragen oder Krankheiten vor den nationalen Grenzen halt machen, tut dies die Branche. Dies spiegeln zu einem sehr großen Teil auch die Informationsquellen wider. Vieles wird nur in Englisch publiziert, nicht zuletzt weil die USA und England die führenden Biotech-Nationen sind. Wir haben hier den Schwerpunkt auf deutsche Quellen für Biotechnologie- und Börseninformationen gelegt.

1. Informationen über den Kapitalmarkt und über Anlageformen

Informationen zu Aktienkursen, eine Auswahl

http://finance.yahoo.com
www.boerse-go.de
www.comdirect.de
www.cortalconsors.de
www.finanzen.net
www.maxblue.de
www.onvista.de
www.stockhouse.com

Informationen zu Aktienfonds und Zertifikaten, eine Auswahl

http://morningstarfonds.de
www.fonds-reporter.de
www.fondsweb.de
www.zertifikateweb.de
Informationen über Fonds und Zertifikate finden sich häufig auch auf den Internetseiten der allgemeinen Kursanbieter (s.o.), inklusive der Auskünfte, ob eine bestimmte Biotech-Anlage, z.b. Aktienfonds, auch in Form eines Sparplans erhältlich ist.

2. Newsletter und Börseninformationen

Biotech-Flash – kostenloser wöchentlicher Newsletter in Deutsch über deutsche Biotech-Aktien im weitesten Sinne. Auch Medizintechnik-, Krankenhaus- und Chemie-Aktien werden hier beleuchtet, allerdings in bester Analystenmanier: www.goingpublic.de

FinanzNachrichten.de – allgemeines Internetinformationsportal. Gibt man Biotech als Suchbegriff ein, werden die letzten Meldungen gelistet. Oftmals recht einseitig, da dieses und vergleichbare Portale ihre Informationen nur von ausgewählten Bezahlverteilungsdiensten beziehen: www.finanznachrichten.de

Bionity – umfassender Biotech- und Pharma-Service in Deutsch und Englisch mit allgemeinen Brancheninformationen. Einen Börsenbezug gibt es nur einschränkt, z.b. hinsichtlich neuer Aktiennotierungen: www.bionity.com

FierceBiotech – kostenloser täglicher Newsletter über die Pharma- und Biotech-Industrie mit umfassenden Informationen über neue Medikamente, Personalwechsel, Fusionsgerüchte, Finanzierungsrunden und mit ausgewählten Börsennachrichten. Leider gibt es diesen professionellen Nachrichtendienst nur in Englisch: www.fiercebiotech.com

Boerse Go – allgemeines börsentägliches Börseninformationsportal mit einigen Meldungen zu Pharma- und Biotech-Aktien sowie Branchenstimmungen und -trends: www.boerse-go.de

3. Industrieverbände und andere Organisationen

Aus Deutschland

www.biodeutschland.de

Die Biotechnologie-Industrie-Organisation Deutschland e.V., das 2006 gegründete Sprachrohr der deutschen Biotech-Branche nach US-amerikanischem Vorbild, hält viele Informationen zu rechtlichen und politischen Themen parat, gepaart mit Auskünften über ihre Mitgliedsunternehmen.

www.bmbf.de

Auch das *Bundesministerium für Bildung und Forschung (BMBF)* bietet im Internet unter *Service/Publikationen/Biowissenschaften und Gesundheit* reichlich Lesestoff für den an der Materie interessierten Anleger, der seine Kenntnisse vertiefen will. Zu empfehlen ist vor allem die noch unter der Bundesministerin Edelgard Bulmahn entstandene 108 Seiten umfassende Broschüre *Biotechnologie – Basis für Innovation*. Bestellen Sie sich ruhig die Printform. Durch die zum Teil sehr gut gemachten Grafiken wird die Biotechnologie gleich noch einmal verständlicher.

www.bpi.de

Der Bundesverband der pharmazeutischen Industrie hat etwa 300 Mitgliedsunternehmen vor allem aus dem mittelständischen Bereich, darunter auch in der Medikamentenentwicklung tätige Biotech-Unternehmen. Die Fachabteilung Biotechnologie gibt es seit 1997. Auf den Internetseiten finden Sie reichlich Datenmaterial über den deutschen Pharmamarkt.

www.dechema.de

Die Gesellschaft für Chemische Technik und Biotechnologie e.v. beherbergt die Fachgemeinschaft Biotechnologie und die Vereinigung deutscher Biotechnologie-Unternehmen, zu der überwiegend junge Biotech-Unternehmen gehören – vielleicht ja die zukünftigen an der Börse notierten Branchengrößen.

www.dib.org

Bei der *Deutschen Industrievereinigung Biotechnologie (DIB)*, die Teil des Verbands der Chemischen Industrie (VCI e.v.) ist, finden Sie als Download *Die Branche*, einige einführende Faltblätter zur *Biotechnologie in unserem Alltag* und über *Die wirtschaftliche Bedeutung von Biotechnologie und Gentechnik in Deutschland.*

www.vbio.de

Dies ist ein neuer Verband, ein gemeinsames Dach für alle, die in den Bereichen Biologie, Biowissenschaften und Biomedizin in Deutschland tätig sind. Schauen Sie sich auch www.vdbiol.de an, mit vielen Informationen zu neuen Forschungsergebnissen und Veranstaltungen rund um die Biologie.

www.vfa.de

Der Verband Forschender Arzneimittelhersteller e.v. vertritt die Interessen von 45 weltweit führenden Pharmaunternehmen. Darunter sind natürlich viele Unternehmen, die auch mittels biotechnischer Methoden und Verfahren forschen und produzieren. Der VFA hält viele Informationen und Statistiken zum kostenlosen Download bereit, zum Beispiel über Preise, die Produktion und Investitionen in der Pharmabranche, mit ihren unmittelbaren Auswirkungen auf die Rote Biotechnologie. Darüber hinaus bietet die Internetseite Zugang zu den internationalen Schwesterverbänden und unter Wirtschaft eine Rubrik Pharma-Aktien.

Darüber hinaus gibt es zahlreiche kleinere Fachgesellschaften: die Deutsche Gesellschaft für Regenerative Medizin (www.gesellschaft-regenerative-medizin.de), die Deutsche Gesellschaft für Humangenetik (www.gfhev.de), die Deutsche Gesellschaft für Gentherapie (www.dg-gt.de) oder die Deutsche Gesellschaft für Proteomforschung (www.dgpf.de) u.v.a. mehr. Wer immer also fachliche Details zu einem speziellen Thema sucht, sollte im Internet fündig werden.

Außerhalb Deutschlands

www.bio.org

Unter dieser Internetadresse finden Sie in den USA die Mutter aller Bio-technologie-Verbände weltweit, mit den meisten Mitgliedern und der jährlich in den USA durchgeführten weltweit größten Biotechnologie-Konferenz. Die Internetseite hält viele Details parat: leider wieder einmal mehr nur in englischer Sprache.

4. RSS Feed

Die großen deutschen überregionalen Zeitungen wie die Süddeutsche Zeitung, die Frankfurter Allgemeine Zeitung, die Financial Times Deutschland, das Handelsblatt oder die Frankfurter Rundschau bieten wie viele andere auch RSS Feeds über das Internet an. Mit diesem Service (RSS = really simple syndication = »wirklich einfache Verbreitung«) wird ein Internetnutzer schnell über Neuigkeiten zu dem von ihm gewünschten Themenbereich informiert. Allerdings ist die zur Verfügung gestellte Auswahl eher allgemein gehalten. Themenbereiche wie Health-care oder Biotechnologie fehlen noch als Unterrubriken – vermutlich weil es noch zu wenig Informationen dazu gibt. Außer www.boerse-go.de bieten hauptsächlich angelsächsische Zeitungen, etwa Financial Times, New York Times oder Herold Tribune unter Stichworten wie »Drugs & Healthcare«, »Science & Technology« oder »Health & Science« branchen-spezifische Informationskanäle an.

5. Spezialpublikationen

Zum Kapitalmarkt

GoingPublic Sonderausgabe Biotechnologie – eine seit 1999 jährlich erscheinende, inzwischen fast 200 Seiten starke, für 14,80 Euro (2007) erschwingliche Sonderpublikation mit vielen Fakten zur Branche, zu den internationalen Märkten, zu Biotech- und Pharmafonds sowie Biotech-

Börsenneulingen und -kandidaten von morgen und mit Aktienanalysen: www.goingpublic.de

transkript – erscheint monatlich. Die Publikation enthält vor allem allgemeine Informationen über die Branche, aber auch einen regelmäßigen, dreiseitigen Finanzteil. 2007 erschien erstmals ein Sonderheft,»Investieren in Biotechnologie«, für 7,80 Euro: www.biocom.de

Zur Biotechnologie

Biotechnologie 2020 – Hier beschreiben junge Professorinnen und Professoren auf 92 Seiten unter dem Slogan»Von der gläsernen Zelle zum maßgeschneiderten Prozess« ihre Vision zur Biotechnologie, inklusive Glossar. Das Download ist kostenlos erhältlich unter http://www.i-s-b.org/2020/downlink.htm.

6. Bücher

In Deutsch

Mit Biotechnologie zum Börsenerfolg, Holger Bengs (Hrsg.), FinanzBuch Verlag, 2000, gebunden, 410 Seiten, ISBN-13: 978-3932114373

Die Biotech- Aktie. Investieren in den Markt der Zukunft, Bruno Wagner, Ueberreuter Verlag, 2000, gebunden, 274 Seiten, ISBN-13: 978-3706406475

Diese beiden Klassiker bieten auch noch sieben Jahre nach ihrem Erscheinen interessante Grundlagen über die Branche. Natürlich sind die Aktienwerte inzwischen überholt. Beide Bücher helfen allen, die tiefer in die Materie einsteigen wollen.

Zukunftsbranche Biotechnologie. Von der Alchemie zum Börsengang, Cynthia Robbins-Roth, Gabler Verlag, 2001, gebunden, 348 Seiten, ISBN-13: 978-3409117715

Das populäre Lexikon der Gentechnik, Thilo Spahl, Thomas Deichmann, Eichborn Verlag, 2001, gebunden, 464 Seiten, ISBN-13: 978-3821816975

Pschyrembel, Klinisches Wörterbuch, Walter de Gruyter, 2007, gebunden, ca. 1.900 Seiten, ISBN-13: 978-3110185348

Der Pschyrembel ist für alle, die wissen wollen, um welche Krankheiten es in den Presseinformationen der Biotech-Unternehmen geht, ein unerlässlicher Ratgeber. Übrigens finden Sie hier auch *Petrophaga lorioti*. Kennen Sie nicht? Aber sicher doch, das ist Loriots Steinlaus!

In Englisch

The Biotech Investor. How to profit from the coming boom in biotechnology, Tom Abate, Owl Books Henry Holt and Company, LLC, 2003, Taschenbuch, 290 Seiten, ISBN-13: 978-0-8050-7508-3

7. Weitere nützliche Internetadressen

www.biosicherheit.de
Dies ist eine vom Bundesministerium für Bildung und Forschung (BMBF) geförderte Internetseite zum Thema Biosicherheit.

www.biotechnologie.de
Es handelt sich um eine auf Initiative des BMBF im Januar 2006 gestartete Internetplattform. Hier geht es um die Forschung schlechthin, ihre Förderung und die Schilderung rechtlicher Rahmenbedingungen – viel Hintergrundwissen also, jedoch keine Börseninformationen.

www.bvh.org
Der Bundesverband der Börsenvereine an deutschen Hochschulen (BVH) e.V. ist eine Anlaufstelle für alle Börseninteressierten, nicht nur für Studenten.

www.bvk-ev.de
Hier können Sie nach deutschen Venture-Capital-Gesellschaften und ihren vorbörslichen Investments in die Biotechnologie recherchieren. Internationale Pendants sind www.evca.com (Europa), www.nvca.org (USA) und www.bvca.co.uk (England). Nützliche Adressen für internationale IPOs sind http://moneycentral.msn.com/investor/market/ipomain.asp und www.hoovers.com/global/ipoc/index.xhtml.

www.drze.de
Das Deutsche Referenzzentrum für Ethik in den Biowissenschaften (DRZE), gefördert durch das BMBF, bietet eine zentrale Sammlung der weltweit vorhandenen Dokumente auf dem Gebiet der Ethik in den Biowissenschaften und in der Medizin.

www.fnr.de
Hier finden Sie vieles über nachwachsende Rohstoffe und Weiße Biotechnologie.

www.gruene-biotechnologie.de
Hier finden Sie viele Informationen zum »grünen« Thema: Aktuelles aus Politik und Forschung, weniger über den Kapitalmarkt.

www.nobelprize.org
Hier finden Sie die Nobelpreisforscher, die die Biotechnologie zu dem machten, was sie heute ist.

Stichwortverzeichnis

Die Autoren

Mike Bayer (links) und Holger Bengs (rechts) vor der kleinen Variante von Bulle und Bär an der Neuen Börse in Frankfurt am Main. Der Biotechnologie-Branche stehen die goldenen Wachstumszeiten erst noch bevor, da sind sich beide Autoren sicher.

Holger Bengs, Jahrgang 1963, ist promovierter Diplom-Chemiker und studierte in Hannover und Mainz Chemie sowie in Hagen Betriebswirtschaftslehre. In den Neunzigerjahren leitete er bei Hoechst und Aventis ein Forschungsprojekt in der Biokatalyse, heute als Weiße Biotechnologie bezeichnet. In den Jahren 2000 und 2001 widmete er sich, als geschäftsführender Gesellschafter der Biotech Media GmbH, ganz der Analyse und Bewertung von Biotechnologie-Aktien. Er war Mitherausgeber des GoingPublic Magazins und seine Aktienanalysen fanden hier und im GoingPublic TV ein breites Publikum. Heute ist sein Rat vor allem in mittelständischen Biotech- und Pharmaunternehmen gefragt, die er u.a. in Fragen der Public und Investor Relations berät.

Mike Bayer, Jahrgang 1972, ist Diplom-Kaufmann. Er studierte nach dem Abschluss seiner Ausbildung zum Bankkaufmann an der Johannes-Gutenberg-Universität in Mainz Betriebswirtschaftslehre. Darüber hinaus absolvierte er einen postgraduierten Studiengang der DVFA GmbH zum Certified-Biotech-Analyst (CBA). Nach einer zweijährigen Tätigkeit als Aktienanalyst für den Biotechnologie-Sektor war er fünf Jahre für das Management eines Aktienfonds und für die Portfolios vermögender Privatkunden verantwortlich. Heute ist er geschäftsführender Gesellschafter der Caudex Capital GmbH und strukturiert nachhaltige Investmentprodukte.